习 风 —— 著

华为兵法

海天出版社
HAITIAN PUBLISHING HOUSE
·深圳·

图书在版编目（CIP）数据

华为兵法 / 习风著 . -- 深圳 ： 海天出版社，
2022.10

ISBN 978-7-5507-3552-1

Ⅰ．①华… Ⅱ．①习… Ⅲ．①通信企业－企业管理－
经验－深圳 Ⅳ．① F632.765.3

中国版本图书馆 CIP 数据核字 (2022) 第 100640 号

华为兵法
HUAWEI BINGFA

出 品 人　聂雄前
责任编辑　梁　萍
责任校对　万妮霞
责任技编　梁立新
装帧设计　知行格致

出版发行　海天出版社
地　　址　深圳市彩田南路海天综合大厦 （518033）
网　　址　www.htph.com.cn
订购电话　0755-83460239（邮购、团购）
设计制作　深圳市知行格致文化传播有限公司
印　　刷　中华商务联合印刷（广东）有限公司
开　　本　787mm×1092mm 1/16
印　　张　17
字　　数　260 千字
版　　次　2022 年 10 月第 1 版
印　　次　2022 年 10 月第 1 次
定　　价　68.00 元

前 言

　　初次接触《孙子兵法》缘自杨天林老师的引导。他是国内讲解《孙子兵法》的专家之一，在与他的交流中我初步接触到孙子的一些思想，感到这种兵家思想与我研究的华为管理方法有一定的相通之处。不过，在当时想来，兵家只为战争，相当于企业的一个营销职能而已，适用于在市场中的厮杀，无论如何也不能用兵法概括华为的整体管理体系。

　　后来，在向企业界介绍华为管理方法的过程中，我逐渐发现需要用一种管理之"道"才能系统地捋顺华为的各种管理。对华为管理之"道"有很多种表述，有的从思想意识层面，有的从战略主导层面，有的从组织运作层面……凡此种种都是从一个侧面去观察，并不具备一种自上而下的视角。重读几遍《孙子兵法》后，我逐渐领略到这种古典国学才是一种真正的"道"，也改变了我对《孙子兵法》的看法——它不是单纯的营销学，而是一种系统的管理学思维，例如"不战而屈人之兵"，区区几个字包含了战与不战的辩证关系，那就是战争的最高境界不在于战场上的厮杀，为战争做的准备也很重要，这与华为研发与营销的辩证关系相似。尽管华为的营销能力很强，有狼性精神，但客户最终买单还是因为产品好，所以华为在研发的投入上也是世界领先的。又比如"上兵伐谋，其次伐交，其次伐兵，其下攻城。攻城之法，为不得已"一句，让我想起在华为参与变革工作期间如何艰难地推行预销售、框架＋订单等商业模式，改变用户和销售员的习惯将华为作为乙方的被动心态转变为实现对等的、双赢的合作模式，实现从"攻城""伐兵"到"伐交""伐谋"的华丽转身。再比如"知彼知己，百战不殆"这一句，实际上就是华为业务的真实写照：华为注重战略谋划和计划制订，在这方面做足功夫，宁可让别人的子弹先飞一会儿，也不打无准备之仗，这样一来，实战的结果就是华为总是能后发制人。总之，《孙子兵法》可以概括华为很多方面的管理思想，包括战略管理、人力资源管理、研发管理、营销管理等，这种站在各门类之上往下审视的方法就可以称为"道"了。

更重要的是，用这种兵家思想来解释华为的管理模式更能表现出它的与众不同，这不仅仅是因为任正非的经营思想和哲学观念有很多军事观点和方法，更主要的是华为客观上也很另类，它不是那种挣眼前的钱的企业，不是动不动就分散资源打游击的企业，它总是能捕捉到未来的蓝海区，总能让员工那么拼搏而有激情，既善于大踏步地前进，又能堵住各方面漏洞。因此，我给出的结论就是华为没有像一般企业那样在经营上追求"最优"，而是一种"极优"：可能不是最优选择，却是极端情况下的最优选。相应地，我也认为当前大多数企业的管理方法并不都能算得上是"兵法"，我想从兵家思想结合华为的管理实践，筛选出一套独特的管理方法供企业经营者和管理爱好者参考。

此外，还有一个原因也促动本书写作，这源于对《孙子兵法》的解读。《孙子兵法》作为兵家圣典无可争辩，但今人对其解读似乎还沿着孙武两千多年前的逻辑，即兵法十三篇的顺序。实际上现代战争的规模已经远远超过古代，例如在军队组织管理这样的问题上，之前的军队规模与今日大不可比。企业也是一样，组织问题十分突出，只按照《孙子兵法》原有的逻辑似乎涵盖不住所有管理的全部内容，因此本书尝试脱离《孙子兵法》的框架，立足华为管理的本身，从军事管理的视角阐释两者的相关性。当前，很多国学专家在努力弘扬传统文化瑰宝，我希望用当代的实践提供一些验证，说明中国兵家思想其实一直在悄无声息地影响着一代代中国人。

一个企业的成功与领导人的思维、方法和意志息息相关。华为成功的根本在于任正非这位70多岁的领导人坚持不懈的战斗意志。"我若贪生怕死，何来让你们去英勇奋斗"，任正非的这句话怎能不让人看到一位坚毅刚强的斗士？愿华为的战斗精神能鼓舞更多的企业！

序一

华为的成长发展本身就是一部教科书。它不仅仅是创始人任正非个人的作品，也是华为公司的用户、和华为公司一起提供服务的友商、全球华为电信行业产业链的配套供应商、中国改革开放不同发展阶段的各级政府、三十多年来为华为奉献的每一位员工，包括那些已经离开华为的前员工共同打造的作品。虽然市场上关于华为的书籍种类繁多，但多数只是从不同的维度和视角诠释了华为这部巨型战车的某个侧面，真实的华为其实就像一部附带深度学习功能的智能机器。

对比诸多介绍华为方方面面的管理书籍，习风的几本著作有独特的风格。从华为退休，习风相继出版了《华为双向指挥系统》《华为经济学》。现在我手中的这部《华为兵法》样稿和其他有关华为的书籍不同，它具备系统的理论结构，不仅仅是就实践而实践，而且是每一个业务领域都结合深厚的理论基础予以诠释，并搭配中外著名的案例，展现出清晰的逻辑结构和丰富的知识内容。可以说，这本书博大精深。

华为内部有一个说法："知识并不是力量，把知识应用于工作实践之中，并创造出相应的价值才体现出力量。"学习华为，关键在于借鉴和应用华为的理念，结合自己业务的实际情况，确定适合的实施方案。大多数企业的成长目标是一致的，可以针对具体的业务形态，分阶段设计发展方案。

华为的管理词条中，我们会经常看到和军队管理相关的说法，比如青纱帐里的土八路、战略预备队、少将连长、班长的战争、重装旅、联合勤务、饱和攻击、红蓝军演练等。从这里，我们可以感受到华为的管理既有现代化的商业组织管理模式，也汲取了军队管理的理念和方法，包括美军的先进管理机制。任总在 2010 年以《春风送暖入屠苏》一文作为新年献词，写道："地区部重装旅在一线的呼唤炮火的命令下，以高度专业化的能力支持一线的项目成功。地区部是要集中一批专业精英，给前线的指挥官提供及时、有效、低成本的支持。我们同时借用了美军参谋长联席会议的组织模式，提出了片区的改革方案。片区联席会议要用全球化的视野完成战略的规划，并对战略实施进行组织与协调，灵活地调配全球资源对重大项目的支持。"如果单独看以上的文字，你可能会觉得这是一个作战方案的部署。其实华为很早就开始学习美军的管理方案，推出自己的干部评价考核、价值分配、组织形式等。华为还以总裁办电邮方式，要求华为全体员工学习金一南教授的那篇《美军还能打仗吗？》的文章。为此，任正非还亲自配"按"："军人的责任是胜利，牺牲只是一种精神。华为的员工不只是拥有奋斗精神，更要把这种奉献落实到脚踏实地的学习与技能提升上，在实际工作中体现出效率与效益来。"

商场如战场。战场事关生死，商场事关竞争的胜败。商业组织的军事化管理模式，能保持强大的组织能力，让可持续发展成为战略选择。我们经常把强大而有执行能力的组织称为铁军，华为就是一支驰骋在商业战场上"来则能战，战则能胜"的铁军。

罗马不是一日建起来的，华为也是历经磨砺、百般锤炼之后才涅槃而生的。习风老师的《华为兵法》能详细地解读华为公司的兵法策略、组织阵势、习能法则，让读者朋友从全新的视角了解华为、剖析华为这部战车的动力之源。相信阅读之后，你会收获全新的感悟。

刘全伟

2021 年 6 月 26 日写于杭州

（作者系中德制造业研修院执行院长、华为海外片区前副总裁）

序二

中国需要大量军人气质的企业家

3 年前，曾与习风先生相聚 3 天，深度交流了《孙子兵法》与华为，意犹未尽。今年收到习风先生《华为兵法》书稿，读后甚觉惊喜。

2021 年是中国共产党成立 100 周年，我常在课堂上多角度剖析毛泽东为何能带领共产党人成功建立中华人民共和国。尽管原因是多方面的，但一个重要原因就是与陈独秀、王明、博古等人相比，他是一位富含军人气质的政治家，有军人的特点与思维。同样，在面临百年未有之大变局的今天，中国急需大量拥有该气质的企业家，而任正非就是此类企业家的代表人物。故《华为兵法》之成书，恰逢其时。祝贺习风先生！

孙子曰："兵者，国之大事，死生之地，存亡之道，不可不察也。"必须直面竞争，未雨绸缪。没有忧患意识、心存侥幸，切不可行。

孙子曰："是故胜兵先胜而后求战，败兵先战而后求胜。"先胜之道、庙算之法，当为企业家之重要思维模式。

孙子曰："主孰有道？将孰有能？天地孰得？法令孰行？兵众孰强？士卒孰练？赏罚孰明？吾以此知胜负矣。"此七计其首为"主孰有道"。任正非之道正是华为生生不息的哲学之源。

奇正相生、以迂为直、后发先至，智将之为也。敢于竞争、善于竞争，狭路相逢智者胜。

上下同欲，携手一人，钢铁之师，胜则举杯相庆，败则拼死相救。资源终究会枯竭，但构建企业独特的文化，给企业注入军魂，打造企业的战斗意志，此乃常胜之道。

兵法提道：一曰度，二曰量，三曰数，四曰称，五曰胜。地生度，度生量，量生数，数生称，称生胜。故胜兵若以镒称铢，败兵若以铢称镒。胜者之战民也，若决积水于千仞之溪者，形也。企业之形，先求不败，再谋优势，甚至可以在局部形成绝对优势。饱和攻击、压强原则，保持战略定力，有所不为方能有所大为，此为竞争之法。

故善战者之胜也，无智名，无勇功。故其战胜不忒，不忒者，其所措必胜，胜已败者也。长胜之师的奥秘往往在于深耕于战前。华为学习 IBM 之决心与持久实施方略，又有几家企业做到？

夫霸王之兵，伐大国，则其众不得聚；威加于敌，则其交不得合。是故不争天下之交，不养天下之权，信己之私，威加于敌，则其城可拔，其国可隳。真诚地希望更多中国企业拥有霸王之兵。

我相信，《华为兵法》一定能让更多人了解华为与学习华为。同时，《华为兵法》也为《孙子兵法》在当代的应用提供了一个很好的参考方案。

祝福华为！感谢华为！

杨天林

（作者系《孙子兵法》应用专家、山东大学"国学大学堂"导师、
广东民营经济发展研究会人力发展委员会副主任）

序三

借鉴华为经验　建设人才强国

一个国家的综合国力体现在哪里？归根到底是人才！国家之间的竞争说到底就是人才的竞争。因此，中国当前面临的最根本的挑战是实现人口大国向人才强国的飞跃。"十四五"规划纲要明确把建成"人才强国"确立为 2035 年的愿景。2021 年 9 月召开的中央人才工作会议上，习近平总书记提出，我国进入全面建设社会主义现代化国家、向第二个百年奋斗目标进军的新征程，我们比历史上任何时期都更加接近实现中华民族伟大复兴的宏伟目标，也比历史上任何时期都更加渴求人才。实现我们的奋斗目标，高科技自立自强是关键，而高科技的发展就是要靠人才。同时，必须增强忧患意识，更加重视人才的自主培养，加快建立人才资源竞争优势。

目前，单单靠加强教育培养优秀的人才，进而实现企业做大做强的梦想是不现实的。教育只能打好基础，更多的能力还需要通过实践来实现人才质的飞跃。要发挥企业的作用，营造锻炼人才、提升人才的环境，就要求我国必须拥有一定数量的优秀企业，在国际竞争环境中具备对抗和获胜的能力，使年轻人有机会在实战中了解世界、走向世界。中国是制造大国，还不是制造强国，新一代企业家的核心任务是要转换思路，不再仅仅着眼于短期利益，而是要关注企业的长期生存和发展，并将企业责任与国家利益结合起来，敢于挑战，敢于超越，多用智取的方法获得经济效益的最大化。中国的企业家们只有改变经营意识，才能取得经济制高点上的胜利，才有机会让更多的年轻人得到历练，再培养出更多的将军。

在走出国门、挑战世界之巅的企业中，华为无疑是最耀眼的。华为在 2021 年的世界 500 强企业中名列第 44 位，是排名最靠前的中国民营企业。更令人敬佩的是，华为是世界百强企业中唯一一个没有上市、不搞金融、不炒房地产，踏踏实实依靠实体经济成长起来的企业。这样的成绩在资本横行的时代是不可思议的。也正是因为这样的成长轨迹，才能彰显一家企业真正的强悍实力。

华为在中国经济建设的大潮中异军突起，一路披荆斩棘，背后必然有深层原因。通常，一家企业的成功与创业者的思维和行为相关。华为创始人任正非曾度过一段军旅生涯，与华为的成功是否相关呢？看到习风先生的《华为兵法》初稿时，顿生好奇心，因为在市场上众多介绍华为经营和管理方法的书籍中，还未见到从这个角度进行深入研究的。学习华为的企业很多，学得好的却非常少，是否有什么因素被我们忽略了？除了华为的各种管理之术，是否还有一种内在的基因是不可或缺的？华为真的就是一种军队组织形式而不是一般企业吗？

第一，一支军队的强大在于他们能不畏强敌，能够在外界环境不利的情况下以弱胜强。华为就符合这一点：面对资金强大的国际竞争对手时，没有争取外部资金入股，而是充分调动自身的力量，用艰苦奋斗的精神战胜对手，赢得客户的信赖。华为把胜利归功于全体员工，把利润分享给全体员工，因而能够形成和保持强大的凝聚力和战斗力，这恐怕是华为最底层的思维逻辑。如果企业的利益分配不向劳动者倾斜，企业就会失去向心力，人才优势就难以发挥，企业也不可能强大。

第二，《华为兵法》揭示出华为是一家"一企两制"的企业。华为既有享受高福利和需要高付出的"华为奋斗者"，也有寻求稳定生活而放弃高回报的普通员工，这种区别对待的做法让我们看到一个真实的华为：在充满竞争压力的高科技行业，华为实事求是地探索现代社会的人力资源用工体制，从知识资本化到提前退休制度，华为在保障员工权益的同时，也主动地调整员工的精神状态，不让"雷锋"吃亏，不躺在功劳簿上……这种机制就是为了保持企业的活力，与保持军队的战斗力是同样的原理。

第三，技术创新是实现中国经济高质量发展的战略要求。"工欲善其事，必先利其器。"军队的胜利离不开辛勤地苦练基本功，也包括坚持不懈地技术创新，向尖端水平冲击。华为十分注重技术创新的投入，它是我国投入研发资金最多的公司，可比肩世界级顶级科技公司，使华为能够在尖端领域占据一席之地，成为我国科技企业的一支中流砥柱。

第四，从《华为兵法》中可以更深刻地理解新时代的艰苦奋斗。骄兵必败，哀兵必胜，所以华为一直提倡艰苦奋斗。但华为的艰苦奋斗并不要求员工以牺牲收入为代价，不把激励与物质利益简单地等同起来，建立了一块有效的企业平台，让任何一名普通的员工都能通过自己的劳动获得收益，与企业共同发展。这一点非常值得我们思考和借鉴。

第五，华为员工获得的收益是切切实实的。华为花费大量的资金和精力向西方企业学习，一支优秀的队伍必定首先是善于学习的，包括向对手学习，要实现赶超就要学到真本领，不可能有捷径。对于现代化企业而言，这个真本领的核心就是企业管理，华为为此付出了 40 亿元的学费，从现在的效果看是非常值得的，华为掌握了大型企业的管理流程，在很大程度上改变了中国人做事的习惯，强调计划，严谨缜密，融合中国的集体主义精神，这种中西合璧的经验也使华为在企业管理方面走到世界领先的地位，是非常值得借鉴的宝贵经验。

第六，华为在组织管理上的闪光点很多。一个组织要持续壮大就需要建立一种机制，摆脱个人对组织的影响力，走向集体领导之路。集体领导不仅影响企业的运作机制和企业文化，也加深了企业员工自我驱动和参与管理的程度，使企业成为高素质人才的培养基地。员工具有自驱力、主动参与经营、与企业共同发展，这是所有企业期望的，但很多企业只是简单放权，并不能为员工提供一个协同作战的环境，不能真正地锻炼和提升员工的能力。华为能够打造一个整体、协调、自我驱动的组织，背后也包含很多军事管理思想，值得我们多反思。

除了上述几项内容，《华为兵法》也介绍了其他方面的管理内容，如知识管理、战术管理、风险管理、信息安全管理等。总体上说，这本书不以华为的经营实例诠释古代军事理论，而是在华为管理方法的基础上系统性地归纳和总结，并以军事思想说明华为管理方法的与众不同。在众多介绍华为管理的书籍中，《华为兵法》给我们提供了一个系统性的新视角，能帮助我们贯通地理解和认识华为，因此我真诚向读者推荐此书，希望借此传播华为的先进管理经验，助力更多有志于做大做强的中国企业。

陈国海

（作者系广东外语外贸大学商学院教授、

广东省人力资源研究会常务副会长兼秘书长、

泰国西那瓦大学博士生导师）

总　论　商界兵法

第一章　成事在"谋"不在"天"

第二章　常胜之师的修炼

第三章　先胜而后求战

第十一章　严防死守信息安全

商界兵法

本来无望的事，大胆尝
试，往往能成功。

——莎士比亚

GENERAL REMARKS

我们通常认为商人是精明的，近代人类史的每一场战争，背后都有资本的影子。从拿破仑的滑铁卢与罗斯柴尔德家族的兴起，到两次世界大战与美国金融资本的霸权，从太平天国兴衰背后外国财团所起的作用，到中东战争背后的美元利益，我们看到战争背后离不开利益的操纵，战争背后就是商战。但是，为什么中国的人民战争能够用小米加步枪打败洋枪洋炮？为什么抗美援朝战场能够用意志对抗钢铁？为什么中国历代有许许多多实力悬殊下以弱胜强的战例而西方世界则很少呢？因为中国的文化里有一门源远流长的学问——兵法，它可以给我们反败为胜的智慧、破釜沉舟的勇气和步步为营的韬略。如今，世界和平情势下暗流涌动，经济、金融和贸易规则下的商战从未停止，中国企业从弱小到壮大，已经是考验智慧的时候了！

第一节
兵法的逆向研究

　　我们现在的国学研究大多数是顺向的，不论《周易》还是《道德经》，不论《大学》还是《中庸》，不论《孙子兵法》还是《黄帝内经》，都主张以先贤们的思想和理论体系解释当下的事物。这种方法屡试不爽，非常能够证明先贤们的伟大。但实际上中国先贤们的伟大之处在于在先秦时期简陋的条件下，没有数据支撑，没有验证条件，就建立了一套形而上的理论体系，这是相当了不起的，给我们的社会组织和管理以及民众日常生活和行为提供了指导。或许正是因为历史上我们觉得国学理论体系够用了，所以近现代西方科学飞速发展时期我们反而落后了。西方文艺复兴后专注于科学发展，建立了许许多多形而下的理论体系，并且覆盖了科技、社会、自然等方方面面，以经济成就展现了其历史性的成果。

　　不可否认，中国当今的建设成就也大量吸收了西方科学、技术、文化等成果。从五四运动开始，中国的现代白话文登上历史舞台，同时大量西方词汇迫使我们开始使用双音节、多音节词，以便更好地学习和掌握西方的科学、技术、经济、管理等方面知识，也使我们与国学越来越远。当下，很多人重新拾起国学，发现先贤们的思想和理论放至今朝也多有可取之处，于是积极宣扬和传播，以使中华文明继续流传。但是，时至今日应当如何传播？只强调国学的好，要与西方现代科技比一个高下，这是不可取的。比如，中医和西医现在争执不下，正确的态度应当是相互尊重、相互学习，中医也要探索生物学的规律，西医也要运用中医的理论方法，解决医学难题。因此，国学既要研究当下，即从国学理论出发，也要逆向研究，即从当下的理论出发，反思和完善国学。

这种逆向研究在国学中本来就存在，例如不少人认为老子的《道德经》实际上是兵书，这就是从非军事著作中反向研究军事问题。持这种观点的有唐代的王真、宋代的苏辙、现代的章太炎等。易中天在他的《中国人的智慧》中也用一个章节论述这个问题。实际上图书馆馆长出身的老子并没有打过仗，与著过兵法的姜太公、孙武、孙膑等比较显然缺乏可信度。老子的《道德经》也没有讲多少战术问题，有的也是用兵之"道"，看上去并没有《孙子兵法》《三十六计》实用，但其实"道"才是主要的精髓。兵法中的战法都是对过去的总结，所以孙子总结道："兵者诡道也。"能说得清道得明的，就不能成为"诡"，而用兵就只剩"道"了。熟读兵书不代表能打仗，而掌握"道"的人或许不读兵书，也能打胜仗，例如心学大师王阳明不是行伍出身，一旦领兵打仗，就将战场变为心学的用武之地。

因此，对于国学的研究应当主张双向的思维方法，例如将兵法应用于现实的商业社会时，既要研究"兵法商战"，也要研究"商战兵法"。所谓"兵法商战"就是从兵法理论出发，研究当下的商业环境，是正向研究，而所谓"商战兵法"是总结现有的商业社会现象，完善过去的兵法理论，打造现代商业社会兵法，是逆向研究。

相对而言，兵法的逆向研究更重要，更有现实意义。首先，现代的战争越来越多地转向商业战场。原来帝国主义可以通过侵略战争掠夺他国财富，但第二次世界大战后的国际新秩序更多地表现为各国之间交换优势的国际贸易。这是一种更为隐秘的战争，表面上互利互惠，实际上美国等发达国家通过金融、强权等手段牢牢掌握经济主导权。例如美国通过世界范围的美元霸权轻而易举地获得世界经济利益，这些利益也成为美军开支的支柱。美国在 2020 年军费达 7780 亿美元，比第二到第十名的军费总和还多，而美国在和平年代维持庞大军费的目的就是维持美国在全球的利益，只要撼动美元地位、触犯美国利益，他们就悍然出兵。所以，过去我们说战争是外交的延续，现在可能还要加一句：商业是战争的延续，维持商业地位就决定了军事实力。因此，现代兵法首先应当补充商战之法。

其次，中国传统优势在于自上而下的军事思想和管理体系，即从战争哲学的"兵道"到战争艺术的"兵法"和"兵术"，但唯独到了"兵器"这个层面，中国落后了，被西方的坚船利炮敲开了国门。而现代兵器诞生于企业，主张建立现代化企业，否则就流于晚清的洋务运动。当代的华为是引进西方管理经验的一家中国企业，事实也证明这家企业能够打造出世界领先的产品，而用任正非的话说，华为的成功是因为建立了"无生命的管理体系"，也就是说华为本身也是"器"，是一个流程化的组织。由此，现代兵法也要补充对"器"的研究，特别是"组织之器"。

再次，现代的"人"也与远古时代大不相同。得益于教育的普及，现代人普遍具有较高的知识水平，因此不能再用传统眼光看待企业员工。中国的 60 后、70 后的受教育水平仍然不算高，只能算有一定的基础知识，所以在就业问题上比较被动。但到了 90 后、00 后显然已经发生了翻天覆地的变化，新一代员工动辄炒老板鱿鱼，使很多企业变得无以应对。华为很早就开始重视知识型员工的培养，让"知识大兵"发挥充分的才能，成为企业发展的基石，这对现代兵法而言无疑又是一笔宝贵的财富。

总之，我们既需要正向的国学研究，延续中国传统文化，也要从当代最新的实践中总结精华，为中国文化增添新的生命力。

第二节
不是所有管理方法都算得上"兵法"

俗话说："商场如战场。"市场中充满着竞争，而竞争犹如战争，有拼杀，有智取，有合作，有兼并，因此很多战争法则可以用于商战。这本不无道理，但是把战争法则等同于企业管理就失之偏颇了。诚然，企业管理就是为了提高竞争力，现在众多的管理方法都是针对企业的特定问题，如营销管理、战略管理、人力资源管理等，而相当多的管理方法是力图寻找一个问题的最优解。但是，战争不是寻找最优解，因为战争是破坏力最大的解决问题方式。现在人们的共识是：战争是外交政策的延续，也就是说战争是在与对手不能达成外交协商时才采用的进一步措施，并且中国兵法的目的是促进外交，不战而屈人之兵，而不是持续地进行战争。因此，对于各种管理方法，我们需要有所区分，哪些是用于"外交"，即促成内外部多方合作，寻求"最优解"的；哪些是用于"战争"，用牺牲更多成本的方式追求风险利益，寻求"极大值"的。

对外用兵最直接的目的是维护领土的主权，这是惠及子孙万代的最大利益，所以很多国家都会声称，国家领土再大也没有一寸是多余的。但是，必然会付出许许多多生命的代价，这种损失是无可挽回的。任何一件事情做错了大部分都可以重来，但生命只有一次，因此追求极大值的付出也是极大的。这就让我们想到很多企业搞的"内部竞争"是否值得？"内部竞争"诚然是一种有效的激励机制，竞争的火苗放到内部要有一定的制约力，避免熊熊大火对自身企业资源的伤害。如果内部竞争是有一定的差异化的，例如 A 团队做手机，B 团队做电脑，看谁被市场接受得更好，这样是有益的，但如果两个团队都做相同的产品，虽然可以逼着一方更加努力，但失败的一方也消耗了公司一半的资源，也是一种不可逆转的牺牲。虽是显而易见的道理，但很多企业仍然普遍采取这种方法，称之为"试错"。

"试错"当然也是成功路上必须付出的代价，例如很多发明创造背后必有无数次失败的实验，但是否把追求"试错"作为一种企业思想，对企业管理会造成不同的影响。之所以存在"试错"现象，是因为规划的成本太高，在工作没有开展之前就要假设很多异常情况，如果这种假设没有发生呢？岂不浪费了很多规划的精力！因此，"试错"的思想就是先行动，在实践中发现异常情况，再反过来修订方案，虽然存在事后反复迭代的成本，但是总成本未必高。实践这种运营思路的企业有很多，例如腾讯在开发微信软件的初期，并不确定是否能够成功，于是让三个团队同时进行研发，哪个好就用哪个，一切资源都要倾向于这三个团队。最后，广州做 E-mail 的张小龙团队最先开发出来了，并且用户体验最好，他这个团队胜出，另外两个团队被淘汰。海尔的"人单合一"模式也是在内部成立若干创业小微，由他们自由发挥，谁能闯出一条路子，公司就继续支持谁。凡此种种，虽然有一部分资源浪费在失败者身上，但总比把所有鸡蛋放在一个篮子里好吧。

但是，如果用这样的思路去开发芯片，那就九死一生了。因为一个芯片的流片（试产和测试）成本极其高昂，一个小小的设计错误就可能导致数百数千万元的资金打了水漂。对待芯片设计，就是得像对待战争一样，只有孤注一掷，背水一战，没有侥幸之道。1991 年，华为的第一款芯片是任正非借高利贷开发出来的，他在 6 楼的办公室对着员工说："新产品研发不成功，你们可以换个工作，我只能从这里跳下去了！"所幸的是一次流片便成功了，这款芯片成为华为走向成功的起点。否则，华为这家公司早就湮没在历史长河中，绝没有今天的辉煌。

其实华为这一路走来，一直是在钢丝上跳舞，每一步都充满惊险，而每一次成功都源于对自己极为严苛的要求——只能成功，不能失败。如果华为在 2000 年前后因为市场热度而分散资源去做小灵通和 CDMA98，就不能把 3G 做到国际水平，进而走上国际化之路；同样，如果不是在 1999 年拿出几乎一年的利润向 IBM "交学费"，那么也学不到过硬的管理方法。也许正是因为任正非经过军队的洗礼，才会带出一家军队一样的企业，每到关键时刻敢于破釜沉舟，用军事标准要求自己一战必胜。所以，我们研究华为的管理方法，不能离开这种军事化特征。否则，无论如何学习华为，首先在气势上就相形见绌，效果自然就大打折扣。

这里说的"军事化"并非要求动作标准的军容，也不是一切行动听指挥的军纪，而是针对管理方法，即用一种类似战争指挥的方法管理企业。战争指挥和管理之法自古称为"兵法"，所以我们这里也用"兵法"这个词来形象地解释华为"军事化"管理的特征。这些特征可以说是华为管理的一块基石，体现在华为管理的方方面面，先列举几个方面简单说一说。

首先，华为兵法强调的是质量高于一切。简单讲，就是一次性把事情做正确。正如人的生命只有一次，客户给我们的机会也只有一次，因此，必须把质量的要求带入企业的各个环节——不仅仅是生产环节，也包括研发、销售、财务等各个环节。华为的质量工作（如质量保障岗位）不仅仅在生产部门、研发部门，也涉及销售部门。不仅如此，质量工作能够做得好的更深层次原因不在于最后一关，而是前端要做好，要有流程保障，以及团队协作、共担责任的机制。抓住质量这个目标才能够带动整个企业的深层管理。战斗的胜利不取决于战场的拼杀，胜利者往往事先布好了战局，并提前做好了一切的准备。

其次，兵法重"将"更重"兵"。我们看到的关云长一战定乾坤往往只是故事里的事，实际的战争靠的是训练有素的士兵，他们平时积累的作战和协作经验是保持战斗力的根本。华为的成功包括集体领导的法则，也包括企业文化熏陶下组织部门间的合作。这一点与很多企业是不同的，很多企业摆脱不了对关键人物的依赖，甚至很多管理方法也是强化个人领导力，这些是不符合"兵法"原则的，至少也是不全面的。

再次，"工欲善其事，必先利其器"这句话用在兵法上也同样适用。很多人眼中的商战只是在销售上的拼杀，但技术的发展已经让大量的士兵退守后方，用远距离精准打击的方法最大限度地降低自身的伤亡。在很多企业高呼市场第一、客户第一的时候，华为走的是"技工贸"路线，投入大量资金不是搞客户关系，而是研发满足客户需求的产品。"贸工技"与"技工贸"两种不同的路线背后是对"最优"和"极优"的追求，"贸工技"主张优先满足客户现有的需求，哪怕产品是拿来主义的也行，只是当下的最优。但极优往往指下一个最优，因为历史的坐标总是在移动，谁先抢先一步，谁就取得胜利，这也是兵法的原则。

作为开篇，这里不能一一列举华为兵法的所有特征。我们只要明白一点，华为的管理方法有其灵魂，在学习华为的过程中，一定要抓住这个"军魂"。

第三节
鸟尽，良弓不可藏

华为的管理与一般的企业管理方法是不同的。这一点比较难以理解，因为没有实际的场景，很难将两者联系起来。毕竟华为并非真正的军队，而是和企业有差不多的组织架构，何以说明它的管理方法就特殊呢？

我们说的"兵法"不仅仅是一套军事指挥方法，实际上也可以抽象为一种非军事化的管理思想，例如"不战而屈人之兵"并非一定要用在战场上，也可以是我们日常工作追求自强的思想；"知彼知己，百战不殆"也要求我们要认真全面地为工作做好准备，才能保证胜利；而"兵不厌诈"则提示我们要善于跳出既有框架，开动脑筋，多一些创造性思维。这些思想自成一派，自古称为"兵家"，是先秦诸子百家中的一个门类。

然而，与儒家、道家、法家所不同，兵家的地位一直非常尴尬。一方面，在战争纷乱的时期，兵家是挽救国家危难，成就帝王伟业的神器。创作《孙子兵法》的孙武成就了吴王阖闾的霸业，创作另一部孙氏兵法的孙膑助齐国称雄，而《吴子兵法》的创立人吴起更是将军事思想用于治国，在楚国实施吴起变法，一度叱咤于华夏大地。这些古代兵法思想实际上有一个共同的准则，就是战争赢在"道"，而非战术为先，说明兵家思想也可用以治国。

另一方面，一旦进入和平稳定时期，兵法便被束之高阁，甚至被列为禁书，以防成为造反者的宝典。这是何故？原因也是显而易见的：兵法讲究的是一种极端情况下的问题处理方法，不惜一切代价消灭敌对者，具有极大的破坏性。尽管不战而胜是兵家的最高境界，但现实中往往没有那么理想的境况，殊死一搏也十分常见。战争状态，兵法是犀利的宝剑；和平年代，内部管理就不需要剑拔弩张，不同派别、不同意见、不同利益者之间可以通过协商、定规则等方法协同起来，避免激烈的流血牺牲，此时道家、法家、儒家就能提出更容易被接受的理论、方针和政策。在人类历史中，毕竟和平时期长于战争时期，大部分的国家治理时期都是以儒家、道家、法家言论为主。

这给我们的启示是每个企业要审度自己处于什么状态，再来决定采用什么样的管理方法。有的企业处于危机的边缘，不经过绝地一战就可能没有起色，那么就应考虑战争之法；有些企业有稳定的基本盘，但这种基本盘又不具备以高额的利润空间吸引高端的创造性人才，这样的企业就可能不适合用兵法管理，因为临战高压可能会吓退本没有高要求的员工（例如要求富士康员工以加班换工资是可以的，要他们自己推出一种产品走向市场，恐怕他们就自己卷铺盖走人了）。

一个国家长期废弃兵家也是不可取的。和平时期兵家可以不在前台唱主角，但不可以没有威武之师作后盾，重文抑武的北宋靖康之耻就是一个深刻的历史教训。所以从长远角度来讲，任何一家企业都应当保持一支"武装力量"，捍卫企业的未来。

对于富士康来讲，不仅要接到苹果、华为等企业当前的订单，还要瞄准未来，预判这些客户在工艺、技术、材料、质量等方面会有怎样的变化，一旦客户提出新要求，就拿出预定的方案，比竞争对手快一步，就是这支"武装力量"的使命。它同样也适合其他企业。事实上很多重资产企业早已轻装上阵，以研发为主的华为有不同的业务范围、竞争空间、人员配备、业务特点等基本面，其他企业不可能全面实施华为这种军事化思维和经营，但至少要保障有一艘面向未来的诺亚方舟。

华为就设置了一个"2012诺亚方舟实验室"。任正非受到电影《2012》的启发，让华为在不确定的未来，始终能够在数据洪水中搏杀，永不沉没。尽管华为已经是一家以研发为主体的企业，也仍然成立了研发机构——基础研究部门，它专门进行不直接从市场中获益的公共性科研和技术研究，虽然不直接针对市场，但一旦有了技术突破，很可能将开辟一个更大的市场空间。如今，华为在新一代通信、云计算、音频视频分析、数据挖掘、机器学习等方面的技术上突飞猛进，均得益于诺亚方舟实验室汇集的全球资源及进行的共同研发。

在整个世界经济的产业链中，华为只是其中一个环节，他们几乎把所有的精力投入研发（当然也有销售，为研发的产品精准服务），而产品的生产大部分是外包方式，这种定位的特点使企业无需太多的机器、厂房等重资产，利润可充分与员工分享，以获得更加优秀的尖端人才。这种高利润、高激励的模式自然会使企业的员工充满斗志，犹如战士一样充满干劲。但不可能所有的企业都只搞研发，抛弃重资产，这不现实。世界仍然需要制造型产业，仍然需要服务型企业。这样的企业在管理上仍然要大力吸收儒家、道家、法家的思想，仍然要有一支兵家队伍。诚然，培养一支这样的队伍需要一定的投入，可能短期还看不到回报，但它是能在关键时刻拯救企业的重要力量。很多企业不重视，或者即使重视了，也是用一般的管理方法进行管理，反而达不到效果。其实，应当以兵法进行运作管理，哪怕实行"一企两制"。

草创阶段的中小企业更应当重视兵家之管理方法，除非只想当一个"山大王"，守着一个山头，等着有朝一日被剿灭。中小企业可能没有大公司那样雄厚的资金实力，但所谓的投入并非一定指资金，还包括对市场的钻研。八路军的区小队、县大队武装从赤手空拳到土枪土炮，一步一步地发展到配备洋枪洋炮，打正规战，靠的是一次一次的胜利——积小胜为大胜，只要认真打好每一仗，必然会壮大起来。

第四节
无垠的疆域

兵法之所以在战争结束之后就不能成为主流治理之术，是因为开疆拓土不可能永久地持续下去。地球就这么大，一方的领地扩展可能就侵犯到另一方的空间，这种争夺会是你死我活的，各方都要付出血的代价。所以，兵法只在特殊时期方有用武之地，和平时期并不鼓励这种相互争夺的生存方式，提倡共融共生，在相互协作中生活，这就不难理解"飞鸟尽，良弓藏"的道理了。

但是，商业战场上的空间几乎是无限的，因为它不受土地的制约。过去，见上亲人一面甚至要千里迢迢地相聚，那时可曾想过打开手机如影随形地聊上几句？过去与君洒泪一别，可曾想过现在聚散也只是朝发夕归？在人工智能飞速发展的今天，生活空间不再是人们追逐的主要资源，发明创造将满足人们越来越多的需求。

发明创造就是另一种开疆拓土，它不是单纯地通过扩大领地来满足人们的需求，而是在固有的领地上，纵向挖掘潜力，提高效率，满足人们更多的物质和精神享受。诚然，这种既不流血又能增值的活动对人类更加有益。美籍奥地利裔政治经济学家熊彼特认为：利润来源于企业家打破既有的均衡，也就是创新（生产要素的新组合），因为创新打破了"循环流转"的均衡状态，而供需均衡使企业的利润趋于零。此时率先通过创新打破均衡，激发新的消费需求，企业就可以获得超额利润。按照他的观点，如果我们不去创新，而是在一个成熟市场中拼命努力，无论怎样厉行节约、提高效率，把管理的艺术发挥到极致，利润的空间只有那么大，能有多少收获呢？倒不如通过创新推广一种过往没有的新需求，产生更大利润。例如我们见到的各种发明，从电视机到冰箱，从洗衣机到空调，从 VCD 到手机，每一拨都是开创者赚的利润最多，很多人获得了第一桶金，再往后，尽管产品越做越精致，功能越来越完善，但价格总是越来越低，利润也越来越少。

对比同样是制造业起家的华为，它没有像一般企业一样把机器设备等重资产视为核心竞争力，而是全力以赴投入研发，将研发的产品尽量交给其他具备生产能力的企业进行生产，结果就是华为始终能够聚焦创新思维，从追赶到领跑，始终寻找高利润的蓝海所在。很多人误以为华为是员工有斗志才有利润。恰恰相反，华为是有了利润员工才有斗志。华为的分配制度的确很好，但再好的制度也得有钱来分配。

当然，很多传统企业并非不搞研发，但其研发只是作为一个企业的职能而不是整个企业的追求。通常，企业由很多部门构成，每个部门都有不同的使命，销售部门的任务是卖出产品，生产部门要保障产量和质量，财务部门要管好资金，人力资源部门要保障人员供给和能力提升，研发部门就是负责新产品开发，可见，这些部门的目标是多种多样，各不相同的。但是，我们设想一下：一个国家发生战争会是什么状态？那是举国的头等大事，不仅士兵要冲向前线，大后方的每一位国民都要尽一份力：战时资源供给紧张可能会影响民生，但作为国民不应抱怨，应当理解战时的消耗有多么庞大；战争保障优先，必要时也要无偿征用，国民应当做好每个人的本职工作，无形中也是对国家的贡献。只有这样同心同德、同仇敌忾，这样的战争才能无往而不胜。因此，一家以创新为己任的企业，创新精神不只是存在于研发部门，而且是存在于企业的每个部门。很多企业实施过华为集成产品开发（Integrated Product Development，简称 IPD）模式，为什么在很多企业没有成效而在华为却十分成功？因为在华为，IPD 不是一个研发部门的事，而是整个公司的事，通过团队化的集体管理，每一个研发项目都包含市场、供应链、财务、质检等一系列部门共同参与，项目的成败关乎所有部门的利益。正如一场战争，如果败了，片瓦无存。

一家企业总是从小到大成长的。随着企业规模的扩大，企业的运转需要不同的职能部门共同保障，这会形成各种不同的管理思想和方法。随着思想的多元化，有些企业不追求创新的想法可能占了上风，如进行资本运作可能来钱更快，或者促进销售可以使资金回笼更快，或者追求稳定而减轻创新带来的压力……这些都会使企业偏离创新这个重心。这些经营思想也并非不对，甚至可能是最优的，但正如前面所述，兵法讲究的是极优，在极端情况下保持优势，才是为企业构建能够挽救危难的诺亚方舟。

第五节
华为的成功宝典

对华为的成功总结，肯定不是能够简单概括的，而是很多因素叠加在一起的结果。华为的创始人及其团队并没有三头六臂，与中国大地上许许多多企业一样，都是在中国土壤和相同的时代成长起来的，只不过很多企业经营跌宕起伏，而华为成功地克服了重重危机，幸运地越走越远。不过，如果笼统地讲，华为前期的成功得益于任正非入伍的经历，他接受了那个时代的熏陶，在改革开放后西方经济模式和思潮下坚持传统组织管理。例如在改革开放之初中国大量引进外资时，华为则提出"知识资本化"，主张将员工创造的价值转化为资本，而不是让外部资本分享企业的红利，这就使公司的利润可以全部回馈员工，从而持续提高员工的收入。这种方式也培养了吃苦耐劳、艰苦奋斗、以客户为中心的企业文化，在大浪淘沙时保持良性循环。

所以我们主张在强调华为学习西方公司管理经验之前，首先要强调华为的这种文化，否则就不能解释为什么那么多学习西方管理方法的职业经理人很难打造出另一个华为这样的企业，为什么华为能够后来居上，赶超一家又一家西方公司。与此同时，华为在 1997 年后的一系列变革又是全面对标西方企业，聘请大量的洋顾问，斥资数十乃至上百亿元作为学费，不仅使华为与国际接轨，也切切实实地提高了华为的竞争力。东方文化善于把握人性，建立一个合理的企业制度，但制度再好，挣不到多少钱，就难以发挥激励的作用。所以，华为的成功也要归功于对西方管理经验的学习，以及将东西方管理思想和技术融合起来。

华为的变革经历了好几个阶段。第一阶段着力于苦练内功。启动于 1997 年，包括提升人力资源、管理架构、集成产品开发和集成供应链（Integrated Supply Chain，简称 ISC）等内在核心能力。这一阶段正值 2000 年互联网经济破灭的寒冬时节，华为甚至必须卖掉旗下电气公司换得"一张过冬棉被"。新的春天来临后，华为不仅活下来，而且脱胎换骨地变成了一个强者，踏上新的征程。第二阶段着力于提高战斗力。从 2007 年起，华为开展了新一轮密集的变革，提升营销能力，包括集成财经服务变革（Integrated Finance Service，简称 IFS）和线索到回款（Lead to Cash，简称 LTC）、客户期望与满意度管理（Customer Expectation and Satisfaction Management，简称 CESM）等流程在内的 CRM 项目群（即客户关系管理项目群）。其他配套的变革也同时进行，如战略管理方面的业务领先战略与解码（Business Leadership Model，简称 BLM）、战略到执行（Development Strategy To Execution，简称 DSTE）和战略解码（Business Execution Model，简称 BEM）等。

如今，上述这些变革已成为各家企业管理的经典案例，被企业效仿和学习。当然，这些方法适用于解决不同的问题，企业也是根据自己的需要有针对性地选择。从很多企业的实践看，在变通的能力上明显还和华为有一定差距。我们很多事情不能变通时，往往是因为还没有抓住更加根本、更加基本的内核，被很多引人注目的表象所蒙蔽。华为的这些管理方法有一个发展脉络，如果我们不知道方法是怎么来的，当然也就不能自如地掌控它的发展、进化和变通。

华为向西方企业学习的各种管理方法中，最重视的是集成产品开发，作为其他管理方法的基础。很多人以为 IPD 是集成产品开发的一种方法，但它本质上是一种管理理念，与产品研发并不直接相关。IPD 的思想来源于美国 PRTM 公司 1986 年出版的《产品及生命周期优化法》（*Product And Cycle-time Excellence*，简称 *PACE*），这种方法一改传统的、不断细化的产品研发和生命周期过程管理思维，提炼和抽象了几个大的步骤。这对管理层介入很有好处，因为管理层不可能事无巨细地参与到业务的每个环节，而传统研发和产品管理方法过于注重细节，使管理层管也不是，不管也不是。PACE 的理念从构想开始，并不能迅速落地，直到 1992 年，IBM 的团队开始注意到这种方法并尝试落地，才让 IPD 走向应用。

实际上华为在 1999 年向 IBM 学习 IPD 时，这个理念并没有完全成熟，是 IBM 的顾问与华为团队共同持续打磨这个方法，不断填充内容，才逐渐完善起来。其实，与其说 IPD 是集成产品开发的方法，不如说是管理程序的改进，因为研发方法本身并不依赖于 IPD，例如项目管理也和传统管理一样，在管理过程方面相当完善，却没有给企业管理方留出合理的介入窗口，而 IPD 则强调了几个大的阶段，例如立项阶段、概念阶段、计划阶段，管理层可以通过评审对这些阶段进行把关。这是上下协同的一种连接方式，通过战略、项目、子项目等层层分解，按阶段的窗口进行评审管理，使工作规划或计划能够高质量地执行。这是一种标准化的流程，而过往管理工作往往依赖管理者的素质，很难保障执行的质量，因为每一层管理者的失误都会在下一环节被放大。

这种把管理工作标准化、流程化的思维模式对华为产生很大的影响。管理工作始于计划，而计划工作随着执行层级的加大容易走样。华为要做大做强，就必须突破这个瓶颈。事实上，IPD 的实施效果也十分显著，原来乱糟糟的研发管理变得井然有序，并且项目质量高，得到员工们的认可。在潜移默化中，IPD 的核心模式也逐渐被运用到其他领域。

例如首先影响到了 2000 年华为的集成供应链变革。与 IPD 一样，也是请 IBM 顾问进行 ISC 指导，并且 ISC 在 IBM 也是个"半成品"，需要与华为共同打磨。ISC 基于供应链运作参考模型 SCOR 定义的基本流程，结合 IPD 的思想进行落地实施，也建立了 IPD 那种分层级的管理和评审组织，建立了三个层级的计划委员会，对计划与订单进行评审和决策，执行层面也不断完善采购、认证、预测等环节。

到了 2007 年华为进行销售领域的 LTC 变革时，IPD 的思想也从研发应用到了销售管理。华为进行 LTC 变革时选择的咨询公司不是 IBM，而是埃森哲。在项目启动之前，华为已经摸索出很多销售管理的方法，只不过百家争鸣，没有形成权威的方案，于是借助西方咨询公司，用他们擅长的理性分析方法进行整理。LTC 作为销售流程，当时业界的方法就是 CRM 中用到的"销售管道管理"（也叫作销售漏斗，Sales

Pipeline）。但这种方法当时并没有管理层介入的明确窗口，而华为效仿 IPD 模式建立了多级的销售决策团队组织，并且规定了决策和授权的时点，如立项决策（ATI）、投标决策（ATB）、合同决策（ATC）等。

经过多年实践，华为已经将 IPD 的这种思想归纳成一个通用的方法，称为 PMOP（项目群管理和运作流程），并不针对特定领域，只要是大的流程问题均可用这种方法来解决。PMOP 在流程形式上与 IPD 极为相似，也是由立项、概念、计划、试点、推行等阶段构成，只是对具体的决策点做了一些微调。至此，IPD 的内核作为一种管理思想，真正抽象成一种既通用的又是核心的管理方法。

此外，也有一些领域的管理并不与 IPD 相仿，但也有相互依存的联系。例如战略管理，它可以作为研发工作的前端，引导研发正确的方向。两者一前一后，缺一不可，没有 IPD 的承接，战略管理也做不好。再比如，人力资源管理相对其他变革有其特殊性，侧重管人而不是管事，但人力资源管理也要以业务成果为靶向，组织设计、人员考核等都要与各业务领域的管理相适应，没有配套的人力资源管理体系，IPD 等变革也难以贯彻和落地。所以，从某种意义上讲，华为一切的管理都围绕 IPD 思想，是华为从西方学到的宝典。

这里再次强调一下，IPD 重要的是其思想，而不是把 IPD 当作一套研发管理的方法。实际上，企业经营本身就是研发工作，是对企业自身的研究和发展。研发不一定只是针对产品，管理方法可以研发，销售方法也可以研发，都与打仗一样，要攻坚克难。打仗并非打打杀杀，攻防兼备才是正道，企业兵法的目的就是将企业管理的方方面面有机地统一起来。

第六节
以少胜多真英雄

除了华为，的确也有很多企业重视研发，甚至很多互联网公司等高科技企业本身也和华为一样，只做产业链的研发端，其产品也是外包完成，这样的企业是否也在运用"兵法"呢？

区别"华为"和"不是华为"还有一个重要的标志——对资本的倚重。当下为什么那么多企业要上市？因为上市了就有了资本，像腾讯、阿里那样所向披靡。但是，这是平常人的思维，而优秀的军事家之所以被人们崇拜，是因为他们的战例是以少胜多，这是兵法的魅力！华为不上市，没有用资本碾压对手，依然能够打败资本强大的对手，这是华为的魅力！

我们通常认为企业离不开大量资本的支持，购买设备需要资本，雇佣高端人才需要资本，因此融资是企业不可避免的话题，甚至融资本身就成了企业成功与否的标志。例如现在很多人办企业的目的就是上市圈钱，而不是创办一家百年老店。抛开这些无心于实业的人不说，即使对于那些真心想致力于实业发展的企业，最终往往会发现资本成为沉重的包袱——企业因为支付资本回报而减少了用于发展的投入，并且往往为了兼顾资本的利益而牺牲发展目标。西方很多知名的公司（如惠普、雅虎、诺基亚、朗讯、北方电信等）都曾经被资本追捧，但一旦被资本所掌控，企业就会成为输血机器而失去了创新的能力，最终走向衰落。

当然，美国依然是世界上创新力最强的国家，尽管有明星企业不断衰落，但又会有亚马逊、Facebook、特斯拉等一批又一批新兴企业诞生，这是因为资本虽然在摧毁这些企业，但没有摧毁这些企业里的人才。他们只不过不愿意在资本的压榨下失去自我实现的机会，转向了新兴的、更加尊重人才的企业。上述一切说明，当前经济发展最活跃的因素不是资本，而是人才。

人才就是资本。华为认识到了这一点，因此在《华为基本法》中就提出了"知识资本化"的概念，确立了企业的资本不是来自外部，而是源于内部员工的创造和积累。如第十七条是如下表述的：

"我们是用转化为资本这种形式，使劳动、知识以及企业家的管理和风险的累积贡献得到体现和报偿；利用股权的安排，形成公司的中坚力量和保持对公司的有效控制，使公司可持续成长。知识资本化与适应技术和社会变化的有活力的产权制度，是我们不断探索的方向。

"我们实行员工持股制度。一方面，普惠认同华为的模范员工，结成公司与员工的利益与命运共同体。另一方面，将不断地使最有责任心与才能的人进入公司的中坚层。"

它概括了华为坚持不上市的原因。坚持不上市可以确保企业的剩余价值不被资本家分一杯羹，这样员工就可以比其他企业员工多一点点收入。不要小看这一点点收入，从军事上讲可能就是打破平衡的关键。两军对垒，接受资本的一方实际上是负上了承重的责任，如同从山脚冲向山顶的仰攻，先天处在劣势地位。从兵家思想讲，马谡说"居高临下可势如破竹"这话是没错的，不能因为丢失街亭而否认这一条军事原则，大部分胜仗就是看谁抢先一步占领制高点，因为落后者将付出更大的代价才能夺得高地，如同企业在竞争中总希望拔得头筹，为此前赴后继。

当然，华为的高地也可能被"围剿"。例如强行限制华为生产高端手机所需的芯片，可能使华为在这一领域暂时失势，但对手夺得高地后会如何？昔日功臣可能获得一笔奖赏，收获风景的却是资本方，功臣们只能继续寻找下一个东家实现自我价值的机会。这就是"华为"和"不是华为"的区别。通常，西方企业将这种方式称为"资源最优配置"，追求的是"最优"，资本获得最高回报而人才在流动中寻找归宿。而在华为获得的是"极优"，员工们知道企业已经实现剩余价值全员分配的极值，有什么理由不与这家企业一起共融共生呢？因而华为不像一般企业那样容易自损战斗力，在西方企业完成从成长到衰落的循环时，华为依然保持着增长力。

对资本认识的差异导致"华为"与"不是华为"两类企业在经营管理上有许多显著的差别。首先，华为更容易建立一种平台型组织。企业将自己变成提供资源支持的平台，并通过开放的共享机制，赋予员工更高的自由度，为实现自我价值而工作。平台型组织是一种服务型组织，企业为员工的成功而成功，员工与企业共融，而不是视员工为实现企业目标的手段。很多企业也声称是平台型组织，自诩来去自由，其实他们充其量是管道型组织，这头来多少另一头就走多少。平台型组织应当对人才有充分的吸引力，尽管离职是自由的，但大多数人不愿意走。人才之所以愿意留下，是因为平台型组织管理层的任务是服务好这家企业，与员工共融共生。如果一家企业被资本所控制，很难保障这家企业以员工利益为上，在利益这个问题上，资本首先考虑的是自己的回报。华为有效地通过全员持股的体制将股东利益与员工利益统一起来，为股东服务就是为员工服务，它比以往任何一种形式的企业更容易打造真正的平台型组织。

其次，华为这个平台型组织更容易沉淀奋斗者。现在的社会似乎产生这样的定式：当大学生们走出校园，他们要么进入一家企业，获取一份工资，如同圈养的羔羊，努力工作；要么靠自我奋斗获得投资者的青睐，一轮又一轮地争取资金涌入。大概只有进入华为这个平台，人们才可以不寻找资本，就靠一群狼性般的奋斗者在市场中打开自己的天地。每一种人都在奋斗，但大家发现华为人的平均收获是最多的。这里强调的是"平均"水平，因为对于大多数人来讲，"平均"的集体富裕才是最好的，这种满意度无疑是企业战斗力的来源。

最后，这种平均的满意度提高了集体的创新力。实际上当今社会已经越来越需要集体协作的创新而不是智力超常的大脑，苹果公司的辉煌是因为它偶然拥有了乔布斯，但华为的不断成功却依赖不知名的群体。无疑，华为是当前科技界的劲旅，这是源于深层次基因的。

第七节
"一企两制"的启示

很多人会觉得，华为这种机制离不开成长时期的环境因素。中国改革开放之初，资本匮乏，民营企业没有退路，华为不依赖资本杀出一条血路，的确非常了不起。但当今环境已经不同，资本市场不可同日而语，若不借助资本，可能分分钟被秒杀，谈何未来的发展呢？

其实，华为对这个问题的看法是全面的，在实行知识资本化的同时，也要求每个员工成为奋斗者。奋斗者是为自己而奋斗，不是为老板而奋斗。当然，这种奋斗不是单打独斗，而是与一个集体共生，而这个集体是华为的一个细胞。华为这个组织的每个员工通过集体奋斗获得利益，而企业又把利益全部回报给员工，所以员工既为企业奋斗，也为自己奋斗，两者是统一的。在这种机制下，员工并非为固定工资而工作，每个人都有"老板精神"，为自己加班的目的就是和集体一起赢得目标。这种加班是自愿的，但并不是所有的人都愿意加班，有那么一部分人并不追求太高的收入，不愿意为了过高的财务目标而牺牲娱乐、家庭、健康，也有一些人不具备科研创新所需的学历、知识和能力，但他们也需要通过付出获得相匹配的报酬，因此以资本购买劳动力的传统的企业生产组织方式也是需要的，这部分的员工诉求也应当被考虑。

对此，华为实行的是"一企两制"的做法：以签订"奋斗者协议"为标准，区分员工是"华为奋斗者"还是"普通劳动者"，他们在企业中的权利和义务就有所不同。成为奋斗者的员工在年末会获得相当于半年以上工资的年终奖金，并且可以获得内部股票配额参与分红。当然也有一些附加条件，比如要求自愿放弃带薪年休假和非指令性加班费，愿意分配到艰苦地区工作等。如果是普通劳动者，对他们就没有那么多要求，可以不听从公司外派要求，只留在家庭所在地工作（称为本地化员工），工资标准参照当地一般性工资水准，并按照一般公司的奖金机制发放一两个月的工资作为年终奖。换句话说，华为实际上是"一企两制"，并非全面实行知识资本化模式。

这一点往往被很多人忽略。因为华为这种"一企两制"非常不均衡，"普通劳动者"总数相对较少，而"奋斗者"占了绝大多数，显得华为好像只有一种劳动管理模式。此外，华为还成立了慧通公司，专门为华为的内勤、行政、文秘等岗位提供服务，这部分工作更具有劳务性质，不需要华为主体创新性业务那样的高端人才。

华为的"一企两制"对企业管理应当有一定启示：如果由于历史、环境、业务、文化等原因使企业在管理上不能兼容华为这种底层逻辑，那么是否可以先迈出一只脚，踏进一片试验田呢？华为的"一企两制"模式是"90%的奋斗者+10%的普通劳动者"，如果达不到华为这种程度，先做到"90%的普通劳动者+10%的奋斗者"，是否也是极有意义的一步呢？

对于传统企业而言，与新兴的科技企业、互联网企业竞争是个难题。新兴企业可以相对容易地获得资本的投资，用高待遇招揽高端人才，但传统企业背负沉重负担，资金捉襟见肘，不可能广泛地支付高于社会一般水平的薪资。但一企两制可以突破这一限制，让部分带领企业前进的"火车头"部门拥有高薪，让他们先成为奋斗者。有不少企业已经实施了这种思路，比如海尔的"人单合一"就是一次很好的尝试。人单合一是海尔集团董事局名誉主席张瑞敏曾经提出并命名的一种商业模式，"人"，指员工；"单"，指用户价值；"合一"，指将员工的价值实现与所创造的用户价值合一。"人单合一"的基本含义是每个员工直接面对用户，创造用户价值，实现自己的价值分享。实际就是让这些员工成为"奋斗者"。只不过，张瑞敏提出的"奋斗者"相比华为还缺乏整体性。作为一支军队，不是靠单打独斗，而是靠从战略到战术具备协调能力。无论如何，"人单合一"作为中国原创的管理创新模式，仍然向管理现代化迈进了一步，随着实践的深入，必然也会形成一支成熟的队伍。

新兴的科技企业似乎有得天独厚的优势，因为它们最受资本热捧，有各种灵活的股权激励措施啸聚群雄。很多企业的收入不在华为之下是否意味着它们拥有更先进的体制呢？其实，新兴企业只是一个企业的开端，二三十年后其实和传统企业没什么两样，随着企业规模的扩大，一样会有臃肿的管理机构、反应迟钝的市场服务和越来越弱的创新能力，除非它们中途成功实施管理变革。很多企业走不到二三十年，而是在五年、十年之内就销声匿迹，这样的企业靠个人成功，也因个人失败。大多数企业的股权激励都是针对一些核心的骨干，不能像华为那样保留一个集体而长存下去。如果一家企业在创业之初离不开资本，也要努力留下一块让知识发挥作用的"自留地"，而且是面向一个集体的、能够传承的"自留地"。

对于那些服务型企业而言，也要注重培育一种"研发"力量。服务型企业通常被认为是产业链末端，只能是商品的搬运工。如果这么定位，这家企业顶多只能糊口，在经济退潮期第一批倒闭。其实，企业本身也是一个值得研究的创新课题，如何寻找新的商业模式？如何用科技使业务更高效运转？如何利用服务优势实现华丽转型？这些都需要高端人才，需要打造一支铁军。

第一章

成事在"谋"不在"天"

在战略上，最漫长的迂回道路，常常
又是达到目的的最短途径。

——利德尔·哈特

CHAPTER 1

"谋事在人，成事在天"出自《三国演义》里诸葛亮第六次北伐的上方谷之战，机关算尽的诸葛亮将司马懿围困于此，以火攻之，料想司马懿插翅难逃。谁知瓢泼大雨将大火扑灭，让司马懿乘机逃脱。诸葛亮无奈地说出此话，感叹凡人无力回天。

诸葛亮击败司马懿就能让蜀国一统天下吗？历史不可假设，但从魏蜀两方的实力对比而言，蜀国即便统一天下也非旦夕之事。注定诸葛亮不能成功的很大原因在于他并不善于贯彻自己的战略。在隆中对中，诸葛亮提出："外结好孙权，内修政理"，等待"天下有变"时再向宛、洛，出秦川，谋图大业。然而蜀国多次北伐并非天下有变，皆因内部问题而无功而返。

结合诸葛亮事必躬亲的特点看，这样的人一般在战略思考上是有欠缺的。凡善谋略者，皆高处着眼。如果从孙子提出的"天、地、道、将、法"五事去看，诸葛亮力图剿灭司马懿只是五事之一，即消灭魏国的一个优秀将领，以魏国之大，难道没有其他人才？所以，并非成事在天，全因谋事不足。如果在战场上也心持宿命论，那么未开战已败了一半。

第一节
简单的才是最好的

无论军事战争还是商业战争，战略是首先被关注的事情。《孙子兵法》第一篇《始计篇》就被认为是关于战略内容的论述，西方军事名著《战争论》以战争的性质和理论作为铺垫，也把战略作为论述战争方法的起点。无数的战例也告诉我们，制定正确的战略就已经取得一半的胜利，错误的战略或者根本没有战略必会导致战斗事倍功半，甚至从一开始就注定了失败。共产党用三年多的时间迅速打垮国民党反动派赢得解放战争的胜利，根本原因就是制定了正确的战略方针，通过三大战役歼敌主力实现了以弱胜强的反转。日本偷袭珍珠港取得大胜，导致强大的美国参战，这是战略上的极大错误，不可避免地加速了日军的失败。所以，对于高明的统帅而言，战争的成败往往在战争之初就已经确定了。

企业的经营也是如此。近年来，不断有企业风起云涌，又迅速分崩离析，其管理行为无非也是追求偷袭珍珠港战术那样逞一时之快。稳扎稳打逐步发展起来的成功企业源自几十年卧薪尝胆、不忘初心地朝着目标不懈努力。优秀的企业家也和优秀的军事家一样，永远用战略性的眼光看着前进的方向。

现在，企业界已经非常重视战略管理了，很多战略管理课程也进入讲堂，传播着成功经验。通过这些课程，人们发现战略管理的内容极其丰富，要保障充满不确定性的战争，需要考虑的因素实在太多——战略简直就是一种艺术。事实也是如此，企业的战略管理作为一个学科，从战略思想方面分为设计学派、计划学派、定位学派、创意学派等学派，从竞争方法方面分为行业结构学派、核心能力学派、战略资源学派、动态能力论等学派。这些方法对实践工作或多或少都有指导作用，企业经营者如果能兼收并蓄，必定能够制定出最为理想的战略方案。

然而，这样的做法可以培养出学者却难以让实际的经营者们接受，因为他们要把更多的时间投入自己的实业，只需要得到一个快速的答案：标杆企业怎么做的？于是，一些成功的头部企业的战略管理方法也被搬进讲堂，例如华为的 BLM。BLM 是指业务领导力模型（Business Leadership Model），它是华为战略制定与执行指导方法。BLM 源自哈佛大学的研究，最初是为解决突破性创新和渐进性创新问题而设立的。先在 IBM 尝试应用，后被华为引入，用以解决战略管理的问题。当时，华为内部战略和执行、规划和落实、目标与实销存在资源不配套、文化不匹配、能力跟不上、权责人不统一等问题，而 BLM 模型有效贯通了战略到执行各节点，实现闭环管理，这一方法，就成为战略管理的一种方法。BLM 也和华为其他管理方法一样，成为许多企业学习研究的重要课程。

掌握 BLM 就能进行战略管理吗？ BLM 只是贯通战略规划到执行的方法，前提是企业的各个部门自身已经开展了战略管理。也就是说，华为在实施 BLM 之前已经有了战略管理方案，只不过之前是零星的点，由 BLM 将它们拉成了线和面。与很多企业不同，华为的战略管理不仅仅存在于总部，也存在于各个部门，销售有销售的战略，研发有研发的战略，人力资源有人力资源的战略，上下协同，构成了华为强大的战略管理能力，带动各项业务的发展。华为每个部门的工作不是由事件驱动，而是依据战略规划的要求有规划地部署。战略当然源自公司的整体部署，但也不是全部，许多部门内的改进和提升需要靠部门自己组织安排，基层部门就是有战斗力的单位组织。

华为这种各个部门皆具的战略能力实际上是向西方公司学到的经验。早在1998年，华为与IBM第一次进行合作，实施了流程与IT策略规划项目，这里就包括一种战略管理的方法，即战略规划（Strategic Planning，简称SP）与业务计划（Business Planning，简称BP），SP是3—5年要做的工作，BP是当年要做的工作，按年度部署，逐年滚动。战略规划不仅仅是宏观目标，更代表可落地的具体需求，当年可执行的需求才纳入BP，其他就列入SP依年份排序执行。

重视战略规划和年度业务计划方法是华为实施各项变革的重要基础，但这一点被很多人所忽略。大概是因为这种战略管理方法看似太简单，相对于BLM实在没什么可说的，可能是学习华为BLM的企业众多，学习BP+SP很少的原因。战略管理的各种方法中也有二八定律，即BP+SP可能只占战略管理方法中的20%，却支撑着80%的内容，其他BLM等方法也很有必要，但对于没有基本功的团队，BLM这样的方法也是发挥不出效用的。

对于军队而言，简单的才是最有效的。战略管理作为一门管理学科越来越完善，犹如一棵大树上有了繁茂的枝叶和硕果，也需要树干的支撑，支撑这个树干就是一种简单的计算：得与失的计算。战略并非只为战而经略，也包括为非战而经略，战与不战取决于对利弊的权衡。我们现在所说的"策略"中的"策"字在古代就是计算利弊的工具，哪个方面有利就加一个"策"，最后衡量做出判断。这种方法可以称为"韬略"，"韬"字的含义就是指不断地把剑抽出和插入剑鞘，故中国最早的兵书，即姜子牙的《太公兵法》又称为《六韬》。华为在提炼年度业务计划时，实际上就是在做这种权衡，例如想给手机开发 10 项新功能，以当前的资源只能做 2 项，那么什么功能做、什么功能不做，这就是韬略。

为什么华为除了总部做战略，各部门也要制定战略呢？孙子在《孙子兵法》第一篇《始计篇》中提到了中国古代军队制定战略的方法：庙算。孙子说："夫未战而庙算胜者，得算多也；未战而庙算不胜者，得算少也。多算胜，少算不胜，而况于无算乎！吾以此观之，胜负见矣。"这里的庙算是指出兵前在庙堂上比较敌我的实力，估算战事胜负的可能性，并制订作战计划。为什么在庙堂上算？因为古时在庙堂才能召集大家一起商讨。现在，会议室多了，总部的会议室可以讨论战略，部门的会议室也可以讨论战略。

需要说明的是，效法古之"韬略"和"庙算"，并不意味着不需要学习现代战略管理，而应当清楚什么是基础，什么是高端。掌握基础知识，不会使我们在商海中登上没有舵的船，掌握高端知识，才能够让我们战胜狂风暴雨顺利抵港。两者都需要，但首先是要打好基础，并让千军万马步调一致地打好这个基础，这绝非一件容易的事。战略管理要从基层做起，从简单做起，都是打胜仗的根本保证。任正非说的"方向大致正确，组织要充满活力"，正是华为战略管理的写照。

第二节
上兵伐谋

企业的战略目标是什么？这个问题在企业管理资料中是没有标准答案的。企业战略因企业家的价值不同而有不同的取向。有的企业注重研发，讲究以产品品质取胜；有的企业注重营销，愿意从满足客户需求中获益；有的企业采用相对平衡的策略，有选择地瞄准特定目标客户，不过分追求利润；有的企业不惜投入大量成本也要服务好客户，博得美誉。这些企业目标不同，经营方式有差异，都活生生地存在于各商业领域。

但从兵法而言，打胜仗却不是一件简单的事情，不是兵来将挡、水来土掩就可以了。孙子提出战争之术也是分三六九等的，他在《孙子兵法》上说："上兵伐谋，其次伐交，其次伐兵，其下攻城。攻城之法，为不得已。"就是说，上等的军事行动是用谋略挫败敌方的战略意图或战争行为，次一等的是提倡用外交手段战胜敌人，再次一等的是用武力击败敌军，最下之策是决定攻破敌人的城池。攻城是不得已而为之，是没有办法的办法。

我们回看很多人的观点，他们往往将那些把不可能变为可能的销售人员视为英雄，但孙子却把攻城略地的英勇气概视为不得已而为之的下下之策，可见真正的兵家思想与我们当前推崇的营销学是两种不同的哲学思想。从兵家看，像高通、微软、ARM这样的企业才是最高境界，因为这些企业是标准的制定者，掌握着话语权。例如高通专注于前沿科技的研究，布局通信领域芯片的专利研发，无论消费者购买哪家公司的手机，都有相当一部分的钱流入高通的口袋。高通公司不需要做什么营销，仍然可以从下游公司获得利润，这才是商业的最高境界。所以，一流企业做标准，二流企业做品牌，三流企业做产品，四流企业卖苦力，这话一点也没错。

孙子强调"不战而屈人之兵"并非提倡绝对不战，只是在战的方式上划分了伐谋、伐交、伐兵、攻城四个等级。这些等级是有条件的，例如我们都知道军事是外交后盾，没有军事能力的保障，谈判桌上就没有筹码，此所谓"弱国无外交"；如果谈判桌上费点口舌就能获得利益，为何还要劳民伤财、大动干戈呢？所以，从做法上讲，先应当有伐兵的能力，才能有伐谋的底气，而有了伐兵的能力，也不能停滞于此，还得升级到伐交的能力，最终成为一言九鼎的雄主。

很多企业一直在"伐兵"和"攻城"层面上徘徊，从来没想过还可以"伐交"和"伐谋"。他们兢兢业业地做好产品，以为把产品卖出去，就是最大的成功了。以至于在许多中国人的思想观念中，合同中甲方和乙方的地位是不对等的，甲方是金主，乙方永远需要供奉好甲方才能换取生存空间。这种情况在早期的华为也存在，因为产品没有优势，华为不得不在交易条款上做出让步，例如提供了一种称为"借货"的交易模式，在合同正式签订前先给客户一部分设备，抢得先机，等合同正式签订后再进行结算。这种模式显然对客户极为有利，但对华为自身有很大的潜在危害，设备和资金成本被无偿占用不说，由于网络建设受制于这种半设备半工程的业务性质，实际交付与合同内容的约定往往不一致，这给华为内部钱、财、物的管理带来很大的成本。随着华为产品质量的提升和业务流程的规范，这种具有华为特色的灰色业务需要革除。

但谈何容易呢？宠了那么多年的客户早已觉得"借货"是理所当然的了，突然不借不是把客户得罪了？为此，华为又以一种"预销售"模式代替"借货"方案，仍然可以提前发货，但对数量和条件进行了严格的限制，极大地控制了随意"借货"的现象。这样一来，客户"占便宜"的机会大大减少，但他们会因此拒绝与华为合作吗？显然不会，因为华为的产品越来越好，已赢得客户的信赖。另外，规范化的运作也让客户看到华为越来越像正规军，这是诚信的保证，是任何一个理性的客户都愿意看到的。

所以，用兵家思想管理企业是要有明确的战略思想的：市场竞争中，企业要追求制高点，以获得不战而屈人之兵的能力。即使不能一步到位，也要逐步实现这个目标。为此，"伐谋"是企业的最高境界，而所谓的谋，就是研发和创新，提供更多的新产品。这样，我们就可以理解为什么华为这么多年持续地在研发上进行高投入，持续30多年把每年营收资金的10%以上都投入科研之中，2019年的研发投入达到1317亿元，研发投入进入世界前三。相对于西方近四五百年的科技发展，华为用短短30多年时间追赶上，有能力制定5G标准，自研基础芯片，开发鸿蒙操作系统，成为世界舞台上的一支劲旅。这充分说明只要树立远大的理想，瞄准这个目标持续努力，没有什么是不可实现的。

创新并非仅仅是产品创新，管理、服务模式、营销策略也可以创新，所以竞争最根本靠的是智慧，谋取新意，而不是完全靠苦干。苦干精神不可缺，但不能把苦干作为终极目标。另外，仍然要更加重视产品的创新，商品交换是基础，其他服务是增值。

第三节
一切为了生存空间

传统兵法的意义在于通过战争获得更多的生存空间，一旦没有争夺空间的需要，兵法的意义会大打折扣。尽管一个国家仍然需要保持军事力量守卫国土，但毕竟不再是一个国家的主旋律，正如历朝历代和平久了，就容易缺少良将。企业发展也是这个道理，很多企业做大之后，容易失去进取心，于是人才流失，企业开始走下坡路。这似乎是企业的轮回，那有没有办法走出来？

沙俄时代，俄国进行土地扩张最初是为了解决出海口问题，使原本处于内陆的俄罗斯打开参与世界贸易的通道，于是通过数百年的战争获得了里海、波罗的海乃至远东的出海口，深刻地改变了俄罗斯的命运。从军事上讲，俄罗斯的战略纵深大大加强，有足够的韧劲战胜外敌；从经济上讲，那些冻土下埋藏的石油资源成为活生生的经济支柱。所以在俄罗斯人眼里，俄罗斯没有一寸土地是多余的，有了空间，才有自由度，才有安全感，才有发展的余地。

经济社会的空间并不仅仅以土地来衡量，更多地表现在一个特定的功能领域，如视听领域、出行领域、家居领域等。尽管现在人们的物质和精神文明相当发达，但各个领域也会有阶段性突破。如空调的发明使人们改善了生活质量，录像机第一次让人们可以观赏自己喜爱的视频，手机让人们随时随地进行沟通，这些产品的第一代尽管十分粗糙，但为人们带来从无到有的满足。这是最大的落差，也就能获得最多的利润，而有了利润才有持续改进的可能。所以，在商业社会也视空间最为重要，谁最先拓宽了一个新领域，带动一个产业，就获得了一个新空间，会主导这个空间的建设。尽管一个新市场会有很多后来者参与竞争，但作为最先的突破者，只要策略上没有大的失误，一般都能获得丰厚的收益。例如高通可以向每一台 CDMA 手机收取专利费，不论这台手机是不是高通生产的。

任正非说："如果在短期投资和长期利益上没有看得很清楚的人，实际上他就不是将军。"正因为他的高瞻远瞩，华为才成为中国民营企业中难以找到的敢于在基础研究方面投资的企业，成立 2012 实验室，从事可能几十年都用不上的技术研究。但是，这些研究如同俄罗斯拥有的冻土，可能在关键时刻拯救华为，因此，2012 实验室全称是"2012诺亚方舟实验室"，源于任正非在观看电影《2012》后从那个拯救人类的诺亚方舟中受到的启发。

一般人认为赚钱是企业主要的目的，是公司的使命。但是军人出身的任正非眼中的华为是一支军队，而军队的责任是永远打胜仗，保持有生力量。军队不存在了，就什么都完了，所以任正非看中的是堵住企业的风险和漏洞。在别人炒房地产、做股票、忙上市的时候，华为会默默地做那些也许永远封存在保险柜中的芯片设计、底层技术。任正非认为，我们"知不知道什么时候打核战争？现在没有，那就应该停下来核的研究吗"？只有有了顶尖的威慑力，才能不战而屈人之兵，"我们可能坚持做几十年都不用，但是还得做，一旦公司出现战略性的漏洞，我们不是几百亿美金的损失，而是几千亿美金的损失"。

对于一家普通的企业来说，没有华为这样的实力，要做华为这样的壮举岂非异想天开？其实，首先是思路决定出路。如果你觉得挣不到钱，自然也不会借钱，因为会觉得增加成本；如果你觉得能挣到钱，自然可以借一些钱，因为会觉得增加的是资本。"成本"与"资本"的不同立场，决定了企业成长的方向和速度。很多企业正是因为目光短浅，把招聘视为成本，才一到关键时刻就捉襟见肘，无人可用。而华为关心的是如何让人力成为资本，在企业中创造价值。

企业经营就是要瞄准远方。尽管很多企业活下去是现实问题，也要想好怎么活。在一日三餐温饱之际，在别人开始放松享乐之际，一定要拿出"伐谋"之志，思考未来的发展空间在哪里。例如，从以下几个方面挖掘更大的发展空间：

1. 人才空间

现在越来越多的企业明白人才的重要作用，人才是企业的资本而不是成本，足够的人才储备就是企业的竞争力。华为的成功首先在于有一套吸引人才的体制，用知识资本化保障企业的利润并回归于创造价值的人才。

2. 客户空间

客户是企业的衣食父母，这个道理谁都明白。但股东利益与客户利益发生矛盾时，很多企业却站到了股东的一边，为了回报股东而过度抽血。华为却不落俗套，坚持"以客户为中心"，并且将这一核心理念落实到企业管理中，坚持集体领导，以科学决策保障客户利益。有了客户的拥护，便有了扎实的群众基础，就会有源源不断的客户需求及稳定的发展空间。

3. 技术空间

科学技术是第一生产力，是推动社会发展最活跃的因素，掌握先进的技术就掌握了"开疆拓土"的主动权。在国内还在开发小灵通、CDMA98

制式的通信系统时，华为就选择立足 CDMA2000，还为此一度丢掉了国内大片市场。但先进的技术仍然有广阔的海外市场空间，华为因此也跨出国门，走向了世界。原有的技术可能因为成熟性会暂时获得一定的市场空间，但新技术站在更高的制高点上，最终的威力是阻挡不住的。

4. 产业链空间

为什么西方公司喜欢占据产业链顶端？因为这种顶端优势有利于对整个产业链进行把控、影响产业格局和获得高额利润。如今华为能够在这方面与西方公司平起平坐，离不开华为对科研攻关的不懈追求。

5. 合作联盟空间

如今，世界是一个高度分工的社会形式，每个企业都应当充分合作，获得更多的资源进行发展。微软、安卓、苹果这些企业的成功都不可能完全靠自己独立发展；华为作为中国的企业，也已经启动了生态建设，从芯片到标准，从手机到操作系统，就是要为中国经济建设构建战略纵深优势。

第四节
千万亿个梦想

如何能找到一片新的天地？这可能是世界上最难回答的问题。如果有答案，人们按图索骥就能有新发现，可哪里有这么好的事呢？人们虽然总结了繁杂的经济学原理，但是又有哪位经济学家每次都能准确预言未来呢？我们只能用过去的经验总结一些判断，为后人搭上一段阶梯，但下一座山峰仍然藏在重重迷雾之中。

人们通常会认为那些拨开迷雾的人具备超常的智力，例如牛顿、爱因斯坦、爱迪生，乃至当代的乔布斯、马斯克，但这些闪耀的明星人物已经越来越可遇而不可求了。未来的创新是否将越来越慢呢？事实相反，人类的进程会越来越快。2019 年 4 月 10 日，事件视界望远镜（Event Horizon Telescope，简称 EHT）发布了首张黑洞的照片，向人们呈现了距离地球 5500 万光年的不发光的星体——黑洞，让人们不可思议地看到了本来看不到的物体。这个 EHT 望远镜不是一架具体的望远镜，而是遍布世界各地的 8 家天文台组成的虚拟望远镜，它能完成单架望远镜完成不了的工作。

同样，探索未知空间的创新工作不再完全依靠个人，越来越倚重群体共同的努力。华为在 5G 技术、手机研发等许多领域走到了世界前列，但并没有听说华为有乔布斯、马斯克这样的产品核心人物，华为的创新是在集体协作中完成的。华为的优秀之处在于建立了这样的机制使创新不再依赖个体英雄，而是变成普普通通的员工就能做的事情，如同聚集起一粒粒 LED 小灯珠，也可以和传统的电灯一样明亮。毫无疑问，这种方式给企业带来了一个巨大的好处，即不会因为能人的流失而失去企业的核心竞争力，让发展创新成为一种可持续的开垦过程。

这种创新的 LED 小灯珠可以是各种各样的思想火花，可以是一次突破性发明，也可以是创意性设计；可以来自员工的头脑风暴，也可以来自客户的声音；可以来自内部上至领导、下至基层，也可以来自外部专家、顾问；可以来自理论，也可以来自实践；可以来自必不可少的功能设计，也可以来自锦上添花的非功能性需求；可以来自迅速转化为商品的应用技术，也可以来自未来才可能应用的基础研究。所有这些思想火花代表数不清的梦想，汇集起来就是"超人"的力量。华为手机之所以引人关注源自 Mate 7 的诞生。Mate 系列在此之前仅有两代产品，为何一下子跳到"第 7 代"？其实，Mate 7 是一次性推出 7 项新特性，因此命名为 Mate 7。当别的产品一代只能推出一两个、两三个新特性时，为何华为能够一次推出 7 个？这背后就源自大量的思想火花，一次性为用户推出大量黑科技，这怎能不打动消费者呢？

很多企业的科技创新取得不了显著成果，或者偶尔有所突破但没有发挥持久的动力，就是因为对集体智慧和群体创新缺乏重视。例如很多企业的科技立项必须拉上学术带头人，创新团队是围绕一个能人来搭建的，这样的团队对领头人往往是个负担，成员也没有积极性和成就感，对于企业来说不具备自己的核心竞争力，又如何能一览未知世界呢？

研发部门是创新的主力，但很多企业的研发部门并没有得到足够的重视，往往认为市场是最主要的，研发的产品不能被客户所接受，那一切都等于零。于是，企业中最"牛气"的是市场部门，他们会告诉研发部门应当怎样做，围绕客户的需求，一切要以客户为中心，否则，企业就没有生存的机会。其实，一个创新性的产品，最初的思想火花往往是出自研究人员自身，正如第一台 iPhone 不可能来自客户的需求，而是乔布斯的想象。科研人员只有站在技术的最前沿，把自己想象成下一代客户，才能做出下一代产品。即使在市场上，不同客户接受新产品的速度也是不一样的，早期勇于试用的探索性客户毕竟是少数，他们的口碑才能让大众逐步接受。所以，市场中大众的声音需要交给研究人员鉴别，分清主次才能制定最利于公司发展的策略。华为公司坚持"技工贸"路线，在公司的流程架构中将研发排在最前面，作为整个公司大流程的起点，这意味着企业规划是以科研为核心，再服务于社会的，以探寻人类新市场空间为使命。2019 年底，华为全球员工总数达 19.4 万人，其中研发员工约 9.6 万人，占 49%，在交付实体产品的企业中遥遥领先。

那么，市场销售部门是否就是配角呢？企业的每一个部门都是各司其职，没有什么主角与配角之分。产品是否符合市场需要？能否为市场所接受？客户对产品有何意见？对这些问题市场部门是最有发言权的，来自市场的意见、建议、需求、设想也都是思想的火花。在华为，市场、销售、客服等部门会想尽一切方法、抓住一切机会捕捉市场需求，他们记录每一次客户来电，主动去了解客户满意度，甚至聘用第三方公司去了解客户对自己的真实意见和感受。他们发现，客户的期望往往是高出企业当前的能力的，因此他们设立了"客户期望与满意度管理"流程，通过沟通一方面让客户理解当前的交付能力和双赢的状态，另一方面永久地保留未满足的客户需求，努力在下一代产品中早日兑现。

除了研发和销售，华为对产品需求的意见收集是全面开放的，在一定范围内甚至作为考核或者比赛项目进行组织和管理。每个人都可以想象自己是一位客户，从这个视角对华为提出建议，也可以从自己的工作中提出关联性建议。这些海量的需求和建议会记录在计算机系统中，每一条都会经过分析、识别、判定、归并等环节，构建出未来产品的雏形。

需要说明的是，这种汇集无数思想火花的做法不仅适用于制造产品，还可以用于对任何一种问题的攻关，例如为了寻找一种营销方法，可以汇聚销售、产品、服务、后台多种岗位人员的想法后加以分析提炼，为了改进管理和提升效率，也可以运用这样的方法。他们共同的特点就是依靠群众，使创新不再是偶然事件，而是一台由普通人合力构成的机器，只要运转，就必然能走向远方。

第五节
战略就是纸上谈兵

汇聚千万个梦想后，人们往往会发现：理想很丰满，现实很骨感。这是非常正常的事。思想的火花可以轻易散播开，但现实的资源条件不能跟上，能够实现的只有 70%、50%，甚至可能只有 10%。很多人因此会放弃，想想就算了，回到现实中吧，能怎样就怎样。于是，与创新擦肩而过。

实际上，理想的实现是需要分步骤的。"日拱一卒无有尽，功不唐捐终入海。"军队是在积小胜为大胜中成长的，企业是在一单接一单的拼搏中壮大的。理想的实现要结合自己的实际情况，厘清今年可以做什么，明年做什么，三五年后再做什么，为理想规划一个路标，这就是华为的战略管理。今年做的事是业务计划，以后做的事就是战略规划，一方面按照业务计划踏踏实实做好今年的事，另一方面滚动地梳理下一个目标。

华为这种战略管理思路不是拍脑袋的产物，不是口号式的理想，而是切切实实地由具体的任务来支撑的，事情多得做不完，在今年的工作清单中"略"去，留到明后年去做，这才称为"战略"。很多人觉得战略是纸上谈兵，因为他们的战略意识不是由具体的需求汇集而来，自然就是空洞的大目标，实际执行时才发现很多意外没有考虑到，不能保证目标的实现，所以纸上谈兵的人容易失败。

如果是一员战将，如此理解纸上谈兵是可以的，因为他的经验源于战场厮杀，但如果是三军统帅也要身先士卒吗？显然他的任务就是"纸上谈兵"，运筹帷幄。《孙子兵法》中说："夫未战而庙算胜者，得算多也；未战而庙算不胜者，得算少也。多算胜，少算不胜，而况于无算乎！吾以此观之，胜负见矣。"在未战之前，需要周密的分析、比较、谋划，如果我方占据的有利条件多，有八九成的胜利把握；或者我方占据的有利条件少，只有六七成的胜利把握，那么在实战时只有前一种情况才可能取胜。如果干脆在战前就不做周密的分析、比较，或分析、比较的结论是我方只有五成以下的胜算，那在实战中就不可能获胜。这就是军事上的战略思想，因为战争不靠赌运气，必须在战略上先算清八九成的把握，才能把胜利首先锁定在纸面上。

古之战事，都要告于祖庙，议于庙堂。庙算则要求能够于庙堂之上锁定胜局，这如何才能做到？从华为的实践看，需要做好以下几个方面：

首先是战略解码。战略解码是将战略目标与各个部门的绩效考核（Key Performance Indicator，简称 KPI）相关联。一项战略可能瞄准的是一个方向，但这个方向需要全体员工的努力。例如需要与某一个大客户建立关系，以此作为一个战略目标，那么需要努力的不只是销售人员，还需要其他部门人员的参与。销售部门如何多快好省地提供令客户满意的产品，是对这个战略的贡献；人力资源部门如何保证人员供给、能力提升和有效激励，是对这个战略的贡献；财务部门如何用有限的资金保障业务需要，也是对这个战略的贡献。因此一个战略目标就可以分解到各个部门的 KPI 中，让每个部门领到具体的任务。部门领到 KPI 指令后，可以进一步落实，由不同的人来执行，包括修订既有的流程，保障战略目标的执行。

其次是战略路标。各部门领取的任务是与这个领域内相关的各种思想火花，可能不是一步就能完全实现的。例如 KPI 不能在一年之内100% 实现，那么能够实现多少？剩下的计划在几年内实现？由此相关的当年工作任务是什么？明后年工作任务是什么？这些分步骤实现战略目标的规划就是战略路标。梳理战略路标使庙算结果切实可行，在纸上呈现八九成胜算再行动，避免盲目地拍脑袋。战略路标犹如道路上的红绿灯系统，让资源的运转井然有序。否则，小小的事故就能让整个交通体系陷入瘫痪。

再次是战略协同。各个部门虽然领到各自的战略任务，但并非彼此不相关。一个部门的工作缓慢，可能成为整个战略的短板，因此各部门战略需要在协同中进行。在华为，每一个项目的立项、推进都不是孤立的，都要和有关联的项目进行沟通，彼此征询意见，在达成一致意见的前提下再通过。如果存在不能达成一致的问题，高层就要参与协调，调配资源或者做出仲裁，保障各部门在协同中作战。战略协同能力是检验一支队伍能否打大仗、打硬仗的标志，也是管理能力现代化的标志。

最后是战略控制。这可以检查战略执行的好坏，是否能够达到预期的目标。华为在执行战略控制方面的优势是构建了流程型组织，更依靠流程规范，对战略执行阶段的划分、阶段性交付内容、检查控制的组织结构、时间和责任要求等都预设规则，使战略执行沿着客观的轨道前行，不会因为领导者的情绪、能力、偏好而造成不确定的结果。

华为的战略管理思路涵盖了谋划市场空间、创造梦想、战略规划及执行管理的完整过程，形成了一套有效的战略管理体系。这套体系的详细内容不在此展开，读者可参考有关华为战略管理的书籍。这里只是想强调，用兵法思维管理企业，战略是必经之路，并且是经营的起点。许多企业的管理思想是做小做活，例如阿米巴模式、承包制、人单合一等，这在一定程度上能打胜仗，但若要想打"大胜仗"就必须学会打战役。八路军在抗日战争时期一度以游击战为主，但共产党始终保持这支队伍高度的组织性和纪律性，又在随后的解放战争中能够迅速打胜三大战役，背后始终有战略思想做指导。

第六节
国乱思良相

除了有一套科学管理战略的流程化机制，人的因素仍然是十分关键的。人存在于体制中，也会破坏体制，所以强国会走向衰弱，昔日的明星企业也可能成为明日黄花。遗憾的是，很多人都是到了潮水退去时，方感慨"家贫思良妻，国乱思良相"。

何为"国乱"？历史上，国家的兴衰从来不全因国强国弱，而因治国之人是否实施了正确的战略和措施。孙子说："君之所以患于军者三：不知军之不可以进而谓之进，不知军之不可以退而谓之退，是谓縻军；不知三军之事而同三军之政，则军士惑矣；不知三军之权而同三军之任，则军士疑矣。三军既惑且疑，则诸侯之难至矣。是谓乱军引胜。"就是说国君对军队的危害有三种：不知道军队不可以前进而下令前进，不知道军队不可以后退而下令后退，这叫作束缚军队；不知道军队的战守之事、内部事务而统理三军之政，将士们会无所适从；不知道军队战略战术的权宜变化，却干预军队的指挥，将士就会疑虑。军队既无所适从，又疑虑重重，诸侯就会趁机兴兵作难。这就是自乱其军，坐失胜机。简而言之，就是最高层不懂指挥、不懂管理、不懂业务就会贻害整个队伍。

孙子擅长于军事不假，又怎能保证每位国君都能懂军事呢？所以国君不能一个人什么事情都干，而是要依靠宰相辅政。所谓"宰相"并不是一个人，而是辅助国君的领导班子，宰相只是这个班子的"百官之长"而已。宰相制度起源于商周，在中国历史上多有传承，开明之君君臣相融，国泰民安；暴戾之君独断专行，民不聊生。明清两代废丞相制，但仍然离不开大臣辅政，建立内阁制。

企业是否需要"良相"或者"良臣"？这个问题曾经困扰着任正非。他在2011年写了一篇文章叫《千古兴亡多少事，一江春水向东流》，文中说，（华为的）轮值CEO制度是在迫不得已的最后确定下来的，我们看到在轮值CEO决策下面，每个董事长、每一个轮值CEO在轮值期间，都是公司的最高行政首长。他们负责将公司的科研方向、人事制度建设、产品质量、销售市场等各个方面的管理权力进一步细化并负责任地交给下级管理层，这比将公司的业绩与成功系于一人的制度要好一些。每个轮值CEO在轮值期间都奋力地牵引公司前进，即使在轮值期间有哪一位CEO走偏了，下一任的轮值CEO会及时去纠正航向，帮助华为这艘大船能够及时地拨正船头，避免问题累积过多而得不到解决之情况的发生。

企业管理制度一般规定以CEO为领导核心，个人权力可以说是至高无上，这也导致企业的决策带有个人色彩。华为的业务决策也犯过错误，小灵通市场和联通CDMA制式的业务扩大也的确反映了对市场判断的不足，没有相应的预案，使任正非下决心走上"集体领导"之路。2004年华为公司成立EMT（经营管理团队），公司的管理决策权从CEO个人转变为依靠集体进行决策，大大提高了决策的科学性，降低经营风险。EMT设有轮值COO（后为轮值CEO），共同构成企业内的"宰相"班子。此后，经过实践和发展，由董事会取代EMT成为公司的最高决策机构，原来的轮值CEO也成为轮值董事长。

实际上，华为将EMT的管理运作权归为董事会是一个具有历史意义的事件，因为它突破了传统的公司治理模式。公司治理是研究企业权力安排的一门学科，西方企业制度认为企业的权力来自股东，由代表股东的董事会向经理人授权，并在监事会监督下任命代理人经营。如果把经理人团队比作百官的话，那么在西方企业制度下这个班子起到的是执行的角色，这种体制下的"宰相"是不能仗义执言的，因为代表股东利益的董事会更关注的是资本回报，他们可能对于业务经营是门外汉，"宰相"即使知道业务应当如何长远发展，但违背资本意愿会导致保不住眼下的职位。很多西方公司的衰落就源于这个弊端，例如诺基亚的垮塌首先不是因为用错了 CEO，而是董事会成员没有把握业务发展的能力。华为公司探索出来的这套公司治理模式从 EMT 发展而来，知道如何经营业务，也可以让企业董事们真正地"懂事"。任正非实行的集体领导真正放权于"良相"，他仅保留一票否决权，管理团队不必"揣测"CEO 的意图，只需推行科学的决策。从华为集体领导的执行效果看，任正非从未使用过一票否决权，说明集体领导制度运作得很好，获得了高质量的"庙算"效果。

华为这种集体领导方式也让很多人存有疑惑。集体领导方式他们不是不想用，也希望集思广益，规避风险，但现实中有很多不可控因素。

首先是决策效率问题。一大群人思想不统一，往往很长时间都拿不出一个统一意见，使商机丧失。其实集体决策在周期上一定会比较长，这也是统一思想的过程，把各自的问题、困难都拿出来讨论，最终的结果是相互理解，在后续的行动上高度统一，能够达到军事战争中追求的一战而胜的目的。此外，完全的民主肯定效率不高，所以也要集中。通过充分民主加集中来解决效率问题，而不是先出集中的意见，造成假民主。

其次是集体决策的责任问题。很多领导认为集体的决策每个人都有份，出了问题算谁的责任？这个问题首先需要改变的是思维定式。军事行为以胜负为目标，仗打败了，谁都逃脱不了敌人的追杀，所以责任本来就是大家共同承担。那种一定要分清责任的官僚主义思维应当被抛弃，持有这种思维的军队打不了胜仗。

再次，轮值 CEO 当值时间太短（半年轮换一次），既做不了什么有影响的事，也影响政策的延续性。实际上轮值 CEO 并非实际的 CEO，华为如此设计可以让企业均衡发展。每一位轮值 CEO 来自研发、营销、财经等不同的领域，轮值的目的是让这些领域的负责人在当值期间全盘处理公司事务，树立全局观，让各部门的工作都被相互理解、相互协同，也是华为这支队伍战斗力强盛的原因。

第七节
上行也要下效

战略成功除了需要一个能够制定正确策略的领导班子，也需要能够正确执行的团队。企业管理跨度决定每一个管理者的直接下属是有限的，因此企业必然分为很多层级，从上到下形成命令执行的传递链。这个传递链是有信息传递损失的，传递链的错误存在放大效应，导致最终执行效果与目标偏差非常大。要解决传递链的错误，就要加入控制流程，即管理者对下属工作进行检查和纠偏，因此控制工作也融入管理者的职能。

我们通常所做的控制工作是在执行中进行纠偏，而兵法原则是不应当将胜利的希望押宝在执行的过程中。尽管战场实地指挥也能起到一定的纠偏作用，但兵法仍然强调在"庙算"中就基本能够把控偏差，所以兵法的原则是加强计划，即将控制场景和标准也提前识别和完善，在执行中出现预见的偏离场景时能够利用已有的规则立即纠偏，甚至利用信息技术直接加以控制和处理。

如此一来，"庙算"将成为极为复杂的工作，甚至很可能"庙算"未完成，战斗已经结束。实际上，"庙算"不仅仅是指挥层面的事，各级作战单位和士兵也应当具有"庙算"的能力，把"庙算"的形式分摊到各级，让每一级做好自己层面的计划：高层多一些宏观，低层多一些微观；高层考虑全局，低层考虑局部。林彪总结四野作战经验时说，下级要摸清上级意图，要继续调查研究，对敌情、地形、部队要心中有数，要对战斗可能出现的情况都想透，思想统一，行动合拍。毛泽东称林彪的四野"撑起了半边天"并不是夸张，而是事实。根据资料记录，四野一共培养出34位将军，外加1位元帅，这是解放军其他纵队无法比拟的，体现了林彪注意培养下属"庙算"的能力。

大多数企业部署战略如同施"电"。"电"的繁体字为"電"，指雨中的闪电，借喻通过电流式刺激作用驱动企业执行战略方案。其实，人是有慧根的，下属也有战略思考力，只不过他们的战略思考范围比较小，得到的信息比较少，但能力并不一定比高层差。他们的能力应当为公司所利用，以增强企业的战略管理能力。如果利用，这就是发挥"磁"感应的力量激发基层团队也在其工作范围内进行局部战略思考。任正非说："方向要大致正确，组织要充满活力。"就是说高层的战略不可能精准，只能大方向正确，只要组织充满活力，人人为战略做贡献，就可以完整地实现战略目标。组织犹如一块铁，铁块中的分子纷乱无序的时候，会辨不清南北；当磁石靠近铁块，铁分子就会沿着磁力线整齐排列，这时候他们就有了明确的方向，局部的战略能力也是构成企业整体战略的重要部分。

2019年5月15日，谷歌禁止华为新发布的手机预装谷歌GMS。

GMS 是谷歌移动服务的简称，里面包含一整套海外用户常用的 App 和账户系统，禁止华为手机预装 GMS 就等于扼杀华为手机的整个海外市场。华为经过了几个月的方案探索和准备后发现，虽然谷歌的 GMS 被禁用，但是 AOSP（Android Open-Source Project，安卓开放源代码项目）却是开放的，任何人都能用，华为决定基于 AOSP 打造出自己的 GMS，即华为 HMS。想法有了，人从哪里来呢？当时的轮值 CEO 徐直军思来想去，决定从华为各个研究所要人。几通电话之后，各个研究所开始动员，北研所、南研所、上研所、武研所……不断有人响应，徐直军心里有底了。于是，各路人马齐聚华为松山湖基地，连续奋战 9 个月，成功于 2020 年 6 月底发布 HMS Core 5.0。

此次会战给人的感觉不像一次企业运作，更像一场狼烟升起后各路诸侯齐聚的保卫战。轮值 CEO 徐直军手下居然是没有兵的，但强大的感召力又随时可以集聚千军万马，这在当下有几个企业能够做到？企业经营除了要汇聚资源，也要建立机制，才能打造强大的军队。

华为的战略是在治理层与执行层的互动机制中进行的，这个机制就是华为"从战略到执行"的流程。高层并非置身事外，而是担当起成事的角色，打通了各基层的沟通渠道，使制定战略的信息源源不断地实现共享。华为的战略并非只集中在公司总部，各职能管理部门和业务单元都会制定各自分战略，如研发战略、营销战略、服务战略、企业安全战略、供应链战略、人力资源战略、财务战略等，很多是自发成立，或者自发具备这样的效力，是上下感应的结果。承接公司高层的要求，也反馈和传递需求，使高层充分了解基层的实际情况，统筹兼顾，发现最佳的商业机会，调动公司资源，持续向长远目标行进。

需要说明的是，华为在运作上实行的是一票否决或仲裁体制，形成了一种自下而上的决策机制。领导者不是只发布一个指令让下属讨论执行，以免影响工作的民主导向，破坏集体领导机制，而是由下属先讨论好方案，提交给高层领导决策和仲裁。如果高层领导有何指示，也只能作为集体讨论的输入意见进行科学论证。例如任正非曾提出华为公司不要做手机业务。因为华为当时的业务特点不适合零售业务，但集体讨论的意见是不做手机弊大于利，华为应当做。后来的事实也证明，手机业务是华为最有价值的业务转型。一位领导人的指令没有被基层采纳和执行，这在很多企业和组织中是不可想象的，但在华为确是真实的存在。任正非说："这十几年来，华为是集体管理决策机制，所有的决策都不是我做的，我只是有发言权，跟大家讲讲我的想法，其实他们有时候也不听，我的很多想法也没有被实施。"看似是任正非的无奈，但也是他最大的成就，让一个企业拥有集体的智慧。

常胜之师的修炼

取得战争胜利的军队是精锐
的部队，而不是庞大的军队。
——华盛顿

CHAPTER 2

　　说起中国古代的英雄人物，西楚霸王和人中吕布都是数得上的，他们纵然武功盖世，也只像一瞬而过的流星，短暂的生命保护不了身边的至亲。于国于家，人们都希望身边有一支常胜之师，庇佑生活安宁。

　　企业是对未来的企盼是"企"这个字的核心义。然而，有多少人办企业是出于企盼未来呢？追逐眼前利益与立足长远利益，这是两种完全不同的企业经营模式。追逐短期利益很容易造就风云人物，也容易成为过眼云烟；奔向远方就需要一支常胜之师，用智慧、坚韧和毅力取得最终的胜利。

　　如何打造常胜之师？我们现在有很多管理方法可以提高企业的人力资源管理、领导力以及组织和业务管理等能力。那么，当我们把视线对标到军队，又能学习和借鉴什么呢？

第一节
自古南征容易北伐难

中国地理学家胡焕庸（1901—1998）在 1935 年提出了划分中国人口密度的对比线，即"黑河—腾冲线"。他发现中国东南部 43% 的国土拥有全国约 94% 的人口，而剩下 57% 的土地只供养了约 6% 的人口。进一步研究发现，这条线还与中国的地理形态有关。中国东南临海的地理特征形成了季风气候，降雨也形成了东南多而西北少的局面，"黑河—腾冲线"恰好形成约 400 毫米落差的降水线，结果就是东南物产丰富而西北资源匮乏。

攻伐的成败往往也与贫富有关。明朝之所以能战胜元朝政府，是因为元朝对中原的掠夺和破坏已经达到极致，到了必须反抗的时候；国共第一次合作北伐成功，也是因为清末以来中国积贫积弱到达极限，南方的滇军、桂军以及工农武装反而成为最有战斗力的部队。

任正非说："我们那时将引入一批'胸怀大志，一贫如洗'的优秀人才，他们不会安于现状，不会受旧规范的约束，从而激活沉淀的组织体系。在华为有人也会贪图安逸，不思进取，沦为平庸。我强调必须往前。人力资源体系就是要做到如何导向队伍去奋斗。""胸怀大志，一贫如洗"的人是一些什么样的人？随着人民生活水平的提高，"一贫如洗"者越来越少，那么华为如何找这样的人呢？华为内部员工的股权设计是一个非常巧妙的方法：每年分配大量奖金后，华为立即出台认购内部股的配额方案。由于高额分红非常有吸引力，因此大部分奖金又回笼到公司。员工手上没多少钱了，又成了名义上的富人，需要继续奋斗。这种方式是否会变成庞氏骗局？公司到最后兑付不了本金？与所有庞氏骗局那种无底线吸收资金所不同的是，华为严格控制着负债规模，始终把企业的财务健康放在首位。员工认购股份不是想买多少就买多少，财务人员会算清员工口袋里的余粮，让他们变为新的种子，分享更多的收获。

除了让员工暂时地"一贫如洗"，华为还建立识别出胸怀大志者的机制，即签订《奋斗者协议》。根据该协议的约定，分享华为公司红利的人也要承担相应的义务，因此这些人也是愿意为更好的未来付出更多的人，需要"胸怀大志"。这个"大志"其实并不大，只不过多挣一些辛苦钱，算不上大英雄。但是，兵法管理的首先是士兵，而不是将军，战争的胜利建立在千万将士的战绩之上。所以管理首先要抓住人性。正如任正非所说的"以众人之私，成就众人之公"，让企业成千上万的"小志"凝聚成"大志"。

华为的经营理念是以客户为中心，以奋斗者为本，长期坚持艰苦奋斗！这是常胜之师的核心价值观。蒙古铁骑、八旗子弟都曾是虎狼之师，能征惯战，但忘了本就守不住基业。华为如果想成为一家可以长期发展的企业，不是要"不断树立远大的理想"，不是想"攀登世界高峰"，不是靠"以人为本、让世界充满爱"，不是说"造福人类，创造梦想"，而是要保持一家企业破壳而出的蓬勃状态——只要企业还在蜕变，生命就会起步。

企业如同人一样，都是具有生命的，有生就有死。物理学上说的"熵增"是个定律，指在一个封闭系统中，如果没有外来的能量补充，热量总是从高温物体流向低温物体，最终达到热平衡，这一过程称之为

"熵死"，此时这个系统就停止生命运动。任正非说，如果"熵增"会让企业死亡，那么华为就"熵减"，"（华为）公司长期推行的管理结构就是一个耗散结构，我们有能量一定要把它耗散掉，通过耗散，使我们自己获得一个新生"。这就是任正非的"熵减"理论，目的是把容易让人懈怠的熵耗散掉，永远保持战斗力。

需要说明的是，现代社会还有一种力量能够激发人的血性，这就是资本。俗话说，重赏之下必有勇夫，资本开出高薪，一样也能网聚人才。和华为这种打造队伍的方式相比，资本可以迅速建立起一支雇佣军，也可以在战场上勇猛厮杀。不过，雇佣军终究是雇佣军，彼此之间与雇主靠金钱关系维系。在资本家眼里，挣钱是最重要的，当朗讯、摩托罗拉、惠普、雅虎等企业没有利用价值时，他们会无情地抛弃它们。华为那些胸怀大志的人虽然最终也是追求利益，但彼此维系的因素是与企业的共生，只有合力让企业成功，才能获得自己的成功。这样的企业才是员工真正的家园。

第二节
安得猛士兮拓边疆

企业如何看待员工，如同军队如何看待将士。中国古代中原地区主要依靠农耕，军事思想以守为主，为保卫领土的安全，修建了世界上独一无二的万里长城。汉朝开国皇帝刘邦虽出身草莽，却留下一首流传万世的诗句：

大风起兮云飞扬，

威加海内兮归故乡。

安得猛士兮守四方！

这首诗极为精练，惜字如金，但表达的内容却丰富。用大风和云飞扬形象地借指创业的波澜壮阔，然后衣锦还乡、恩泽四海，展望未来又深感守业艰辛。没有过往那种战功的激励，如何寻找既安稳又勇猛的守成之人呢？这的确是个悖论：对于那个家国一体的封建王朝来说，皇帝与百姓是"威加海内"的关系，把给予臣民贡献的回报视为"恩赐"，怎么能招揽到天下最勇猛的将士呢？如果是猛士，就应当让他们始终立足于征战的路上，从胜利中获得荣耀。

当然，地球的领土是有限的，一个国家不可能永远地开拓边界，但知识的海洋是无限的，企业的创新意识可以一直持续下去。因此，企业经营与国家治理不同，企业保持一种永远蓬勃的状态，需要创业者和员工共同努力。领导者是战斗的组织者，彼此合作的唯一目的是取得一场又一场胜利，而不是打下一方天地靠守成为生，成为家天下的格局。

尽管大多数企业不是家族企业，但股东利益至上的观念造成了员工处在服务于企业的地位，员工工作只是一种劳务交换，成不了企业的主人，这样的体制能招纳多少猛士呢？华为的经营理念则是打造一家平台型企业，员工是企业的主人，员工的股份占98%以上，只要按照平台的规则和流程做事，努力取得一场又一场胜利，每个人的收获都会与勇猛将士的付出相匹配，这个平台就是打造猛士的平台，让每个人在"拓边疆"中实现自己的价值，而不是为了别人"守四方"。

当代的新兴企业很多都是一种平台型组织形式。例如在那些互联网企业里，一方面员工拿着高薪，另一方面人员流动也很大，他们不关心项目的成败，只因为有更吸引人的领域。平台型组织的内涵是什么？当前还没有形成统一的认识，有的人从前中后台的组织能力角度去看，有的人从企业生态圈来看，有的人从合伙人机制去看，这些说法往往不在一个可比较的论点上，因此我们抛开具体的形式，捕捉共同的思想，充分吸收那些有理想的"拓荒者"。人们愿意或者不愿意在这个组织，全在于组织自身是否有足够的吸引力，能够让人们收获需求。它是指马斯洛提出的人们不同层次的需求，那些对包括自我实现需求在内的全面追求层次越高，就需要越多的雄心和努力，从"拓边疆"中实现自己的目标，否则，只追求保障生活、安全、社交等基本需求，那种"守四方"的岗位便可以获得满足。

凯文·凯利说："所有企业都面临死亡，但城市却近乎不朽。"相比于企业，城市的结构是去单中心化、多中心化的，其动力无处不在。换言之，城市里的每个人都拥有相当程度的自主权，能够追逐不同的目的，而不是在一个统一、严苛的秩序下成长，不是一台机器的零件。只有他们实现了个人的成长，城市也才就实现了繁荣。城市的永恒之道是提供若干条件，让无数的人能够利用各种资源，在各种团队中自由成长、壮大，形成一种能量自我循环的生态系统。所以，城市永远拥有源源不绝的动力源，让各类"潜能"得以释放，变成实际的财富，即使一家企业消失了，另外一家企业很快又会出现。更有意思的是，城市是开放的，永远有新的能量加入进来，从这个意义上说，全世界的资源都是城市的"潜能"，都可以被"释放"。

在深圳梅观高速龙华段，仅一路之隔有两家在中国赫赫有名的大企业：富士康和华为。它们占地面积相当，约80平方千米，但俨然是两个世界：富士康龙华科技园如同一座"紫禁城"，一切路人经此都要绕道而行，探不到一丝内部的信息；另一侧的华为却是郊外的绿色花园，公司园区隔出几条纵横的道路，可以让任何行人和车辆穿过，这些道路被冠以"冲之大道""张衡路""隆平路"等名称，让每一个来到这座"公园"的人都会缅怀中国的科学巨匠。是的，华为就是一家留住华为人心的是平台型企业。

任正非说："什么是华为的英雄，是谁推动了华为的前进。不是一两个企业家创造了历史，而是70%以上的优秀员工，互动着推动了华为的前进，他们就是真正的英雄。"这种理念将企业管理提高到了一个新的境界，也包括兵法思想。《孙子兵法》中提到所谓军事乃经之以五事，即道、天、地、将、法，而道为军事之首，"道者，令民与上同意，可与之死，可与之生，而不危也"。要先使民众与君主的意志和目标相统一，将士才可以同生共死，不会惧怕危险。这其实是受封建王朝的历史局限，士兵为君王而战终究不能发挥极致的战斗力，纵然有兵法宝典在手，几千年的历史也逃不出改朝换代的轮回。终结这一历史的是新中国，一支人民军队最终打败四大家族集结起来的最后一支私家军，验证了毛泽东所说的"人民，只有人民，才是创造世界历史的动力"这一真理。所以我们应当反思当前的企业管理理论，用各种手段激励员工努力工作是必要的，但前提应当明确为谁工作。只有那种能激励员工既为自己也为集体而努力的平台型组织，才能获得和塑造最英勇的士兵。

第三节
每个岗位都是战场

要建立一支奋勇向上的队伍，免不了要建立淘汰机制，懈怠之人得不到惩处就会对他人的积极性造成打击，久而久之，不正之风弥漫，整个组织就会被腐蚀，因此很多企业采用末位淘汰制度作为绩效考核的手段。末位淘汰制是指工作单位根据本单位的总体目标和具体目标，结合各个岗位的实际情况，设定一定的考核指标体系，对员工进行考核，根据考核的结果对得分靠后的员工进行淘汰的绩效管理制度。

但末位淘汰制在很多企业执行得并不好，主要是因为难以确定客观公正的考评标准，例如排序的标准不统一，那么排名的结果就不同，必然造成不该淘汰的被淘汰，业务能力不佳者可能反而因为人际关系处理得好而被保留。此外，强制性的排名和无视付出、努力，依然会对积极者造成打击，有损人格尊严，也过于残酷。

当代主流管理学认为，末位淘汰制不符合现代人本管理的理念。现代管理崇尚"人本管理"。人本管理以尊重人性、挖掘人的内在潜能为宗旨，努力通过创造一种宽松、信任的外在环境充分发挥人的主动性、团队精神、责任感和创新性，并且注重长远效应而非短期效应。这种理论认为，末位淘汰制是一种典型的强势管理，主张通过内部员工的竞争从外部管理，员工在这种环境下心理压力很大，每日惶惶不安，同事关系也很紧张，团队精神差，必然出现重视人际关系不重视实际工作业绩的现象，从而导致职能部门的非增值活动的增加。末位淘汰制一般是注重短期效应的，并不是很在乎人的长远发展和潜力发挥。

兵法管理与一般管理理念不同，以士兵为本恰恰离不开培养和保持一个人的血性，始终保持敢于拼搏的状态。这种拼搏不一定是要到战场上对敌厮杀，而是在每一个部门、每一个岗位进行自我比拼。自我淘汰一定是痛苦的，但这样的新陈代谢才能保持活力，这才是最根本的。电视剧《亮剑》中的李云龙说过："我宁可让战士们在训练中受伤，也不想让他们在战场上送命。"末位淘汰并不可怕，跌倒一次可以再爬起来，如果培养了一批怕跌倒的胆小鬼，就一定会在市场竞争中真的跌倒。至于末位淘汰造成同事关系紧张，实际上是强者与弱者之间的紧张，强者之间会相互欣赏，更容易凝结成强大的战斗力。因此，人本管理强调不要落下每一个人，而兵法管理首先要保证胜利，才有能力保护弱者。

华为长期坚持实施末位淘汰制。任正非说，"华为每年要保持5%的自然淘汰率"，认为通过淘汰5%的落后分子能促进其他员工努力前进，让员工更有危机感，更有紧迫意识。员工为了不被淘汰，就必须不断提高自己、调整自己，以适应公司的要求和发展形势。这种能上能下、有进有出的竞争机制也给华为带来了活力。任正非在《能工巧匠是我们企业的宝贵财富》中写道："由于市场和产品已经发生了结构上的大改变，现在有一些人员已经不能适应这种改变了，我们要把一些人裁掉，换一批人。因此，每一个员工都要调整自己，尽快适应公司的发展，使自己跟上公司的步伐，不被淘汰。只要你是一个很勤劳、认真负责的员工，我们都会想办法帮你调整工作岗位，不让你被辞退，我们还在尽可能的情况下保护你。但是我们认为这种保护的能力已经越来越弱了，虽然从华为公司总的形势来看还是好的，但入关的钟声已经敲响，再把公司当成天堂，我们根本就不可能活下去，因为没有人来保证我们在市场上是常胜将军。"

即便对"老资格"的干部，华为同样实施着严格的淘汰制度。任正非说："我们非常多的高级干部都在说空话，说话都不落到实处，'上有好者，下必甚焉'，因此产生了更大一批说大话、空话的干部。现在我们就开始考核这些说大话、空话的干部，实践这把尺子，一定能让他们扎扎实实干下去。我相信我们的淘汰机制一定能建立起来。"这一点是非常重要的关键所在。很多企业的淘汰机制面向基层，对干部进行淘汰就比较犯难，实际上干部淘汰才是立竿见影的，仅仅在基层实施淘汰制度挽救不了涣散的意识和风气。

华为设计的淘汰制度始于 1996 年的人力资源管理变革。当时，华为的考核设计分为六个等级，分别为 A，B，C，D，E，F。由于操作起来比较复杂，后来简化为 A，B，C，D 四个等级，A 表示"优秀"，占比 10%；B 为"良好"，占比 40%，C 为"正常"，占比 45%，D 为"须改进"，占比 5%。考核成绩连续为 D 就意味着将有可能被末位淘汰，考核成绩连续 3 个 C 就意味着不能涨工资。这个制度全面落实于华为的每一个岗位。

华为从 1999 年开始真正实行末位淘汰制，但还不是完全意义上的淘汰，而是"下岗培训"。即让不适应岗位的员工"下岗"，回公司总部生产部门培训后，去新岗位应聘，应聘成功后可转入新的岗位工作。也就是在真正被淘汰之前，再提供一次上岗机会，如果能够在新的岗位上踏踏实实地做出成绩和贡献，公司还会给予机会。这种制度设计充分考虑到因为"偶然"因素可能造成的不公正现象，让跌倒的人重新站起来，相信金子在哪里都能发光。

由此可见，华为没有因为末位淘汰制的不利因素而徘徊，坚决地实行末位淘汰来保持组织活力，在此基础上人性化地解决淘汰人员问题。淘汰人员拥有重新上岗的机会，也可以选择离开，无论主动离职还是劝退离岗都按照法规和制度高标准给足补偿金，以至于很少有人抱怨华为公司。对于一家每年上万人员流动量的企业讲，做到这一点实属不易。

第四节
练就天罡北斗阵

天下武功谁最高？无论东邪西毒、南帝北丐还是中神通，都斗不过天罡七星北斗阵。古代的战争并非像戏剧小说写的那样，只要关云长斩杀敌将，战斗就会一边倒地胜利，必须靠合理的布阵赢得优势。战国时期《孙膑兵法》便集先人之大成，将春秋以前的古阵法整合成十种阵形，此后，从韩信的十面埋伏阵到霍去病的车悬阵，从诸葛亮的八卦阵到李靖的六花阵，从岳飞的撒星阵到戚继光的鸳鸯阵，历代名将的撒手锏不是全靠手下战将如云，而主要是善于创新和运用阵法。

我们不讨论这些具体的阵法，先说清这些阵法的共同思想：兵法强调的是士兵的集体力量。管理学中对"管理"的定义是管理者通过实施计划、组织、领导、协调、控制等职能来协调他人的活动，促使别人实现管理者既定目标的活动过程。管理学几乎是基于为领导者服务，提升领导者的能力，让更多的人服从或者实现领导者意愿的理论。这种思想放到军队当然也能打胜仗，可是这样的军队每天都处在危险之中，一旦指挥机构被打掉，整个军队就要瘫痪。所以兵法强调提升士兵的能力，在阵形中充分沟通和协调彼此的需求，尽量减少对指挥机构的依赖，在瞬息万变的战场中把握好战机才是取胜的关键。

举例来说，很多企业经常会遇到这样的问题：一旦启动一个科研项目，不找几个学术带头人就不知道怎么运作。很多公司没有一个牛人就不会辉煌起来，如没有乔布斯，苹果公司可能早已衰落；没有扎克伯格，可能就没有脸书；没有马斯克的冲锋陷阵，人们可能不会想到梦想可以走这么远。华为没有像乔布斯这样的盖世英雄，但依靠一套流程制度，依然生产出可以和 iPhone 相匹敌的手机，这就是流程型组织的作用，这个组织就是一种阵形。

发展科技和创新究竟要依靠谁？是各学科的专家吗？企业如何去寻找这样的创新牛人呢？靠等待自然出现的办法显然是不可取的，像牛顿、爱因斯坦、瓦特、爱迪生、乔布斯、马斯克这样的明星都是可遇而不可求的，企业不能因为没有牛人而停滞，绝大多数企业都须依靠触手可及的资源向前发展。即使这样，人们仍然会认为创造发明即便不是天才能为之，也应当是智商高于常人的人物，例如专家学者或者是顶尖人才。这种观点往往使企业很注重从外部挖掘人才，求贤若渴，不惜重金，聘任"诸葛亮"。事实上，诸葛亮尽管是旷世奇才，但怎奈蜀中无大将，又如何能够轻易改变天道呢？诸葛亮本应按照他自己制定的隆中对策，"外结好孙权，内修政理"，等待"天下有变"时再向宛、洛，出秦川，谋图大业。然而，蜀国上下统一天下的压力迫使诸葛亮违背初衷，背上不可负担之重，对国家又有何益呢？

诸葛亮的事迹依然是很多当代企业对人才倚重现象的样本，例如既然华为那么成功，那么聘请华为的一些高管来任职，岂不就把华为的经验带了过来？其实，从华为出来的人早就有这么一个现象：一位华为员工到其他企业工作，他的业绩往往不好，因为华为的分工细致，他掌握的技能相对比较单一，其他企业更喜欢独当一面的人才，在这种需求下他将黯然失色。如果一帮华为人去一家公司工作，他们可能分布在不同的部门，彼此之前也不认识，但只要知道对方也是来自华为的，那么他们就有一种天然的默契，自觉地相互支持，一方有难，另一方十分乐意助人。这是他们在华为培养出来的集体主义精神，团结协作放大了他们每个人的力量。实际上，聘请华为高管不一定比基层业务骨干更有用，因为对于基层工作，业务骨干会有更多的经验。当然，华为高管一般也是业务中的佼佼者，有更全面的视角，他们明白集体协作的意义，但如果企业最高层不明白这个道理，一定要把期望押在"诸葛亮"的身上是达不到华为那样的效果的。

现在，华为也在大力招聘"天才少年"，彰显华为对高素质人才的渴望。华为的集体主义精神并不排斥天才，只是天才也要属于集体。他们在集体中的作用可能更大一些，得到的回报也更大一些，但脱离集体，天才会缺乏营养充分的土壤而成长缓慢。任正非表示，华为公司倡导集体主义下的个人英雄主义。"我们允许个人英雄主义，但你先要有集体主义。专家的创新如果完全脱离大平台，一个人孤军奋战，最后脱离平台造出来一个模块，肯定不是公司需要的。"

集体创新是时代的主流。人类历史有特定的发展规律，某个时期集中出现哲学家，如苏格拉底、孔子、释迦牟尼等，某个时期集中出现科学家，如牛顿、赫兹、爱因斯坦等，某个时期又集中出现发明家，如瓦特、莱特兄弟、爱迪生等。但到了当代，历史呈现出另一种特征，发明创造不再靠伟大人物，数字技术、人工智能、互联网大潮诞生出许许多多的新产品，很多不再是个人的杰作，而是由集体创作的。例如作为数字网络基础的 CDMA 技术的发明人居然是美丽的电影演员海蒂·拉玛（1914—2000），由她在 1941 年申请专利，但这一技术的应用却不像电灯、电视、空调压缩机那样能够迅速实现，必须建立在计算机和通信技术基础之上。再比如乔布斯发明了 iPhone，但这个产品并不是一个特殊灵感的闪现，而是口袋 PC、操作系统，甚至 MP3 的迭代发明，只不过乔布斯是最勤奋、最能把握用户需求的那一位，是集体创作中最显眼的人。在未来，像马斯克这样的奇才依然会诞生，但发明创造的主旋律已经不再是个人，企业创新的主体不再是个别英雄式人物，而是善于创新的集群。华为没有乔布斯这样特别突出的人物，一样也能做出与 iPhone 相媲美的手机。

企业管理研究的是企业的成功法则，成功的光环最容易让人忽视鲜花下的绿叶，植物总是先有绿叶，才有鲜花。作为兵法，其任务是打造一支具有集体作战能力的士兵队伍。首先，作为军队不是不需要英明的将帅，要明确将帅脱离了他的队伍就一无是处。集体主义与个人英雄是辩证统一的关系，一个集体不培养领军人物，就难以形成合力，高效地前进；但英雄人物脱离了集体，也很难成就伟大的事业，正如爱迪生的发明依赖的是他的实业公司（通用电气的前身）才能被推广应用，而莱特兄弟没有做好实业，成就的只能是他人的飞机公司。作为企业，要大力建设一个英雄与集体共存的平台，而不是希望押注一个牛人帮企业挣钱。

其次，仔细琢磨"宰相必起于州郡，猛将必发于卒伍"这句话。从华为的实践看，绝大部分的高层管理者都是内部培养起来的，这是稳定队伍的重要因素，与企业共同成长的人不会出现水土不服，能够较好地投入战斗。事实上，华为早些年并不能吸引最优秀的人才，照样可以创造奇迹，说明比人才更重要的是队伍的任用机制。有了好的机制，才能够不断造就出人才。

第五节
因粮于敌者胜

如何体现一支军队的战斗力？有一个很重要的标志是能否"因粮于敌"。我们知道，兵马未动，粮草先行，打仗打的就是后勤。孙子认为，粮草的准备不应当完全依赖于自己的后方供给，更应当从敌人手中夺得，以战养战。《孙子兵法·作战篇》中说道："善用兵者，役不再籍，粮不三载，取用于国，因粮于敌，故军食可足也。"组织大批量的粮食运输，往往需要多次征发民夫，甚至强行征集民众家中的粮食，是国家极为沉重的负担。运输线也是敌人袭击的重要目标，因此孙子提出了"因粮于敌"的思想，夺取敌人的粮食，巧妙地将砝码转移到自己的手中，这无疑是克敌的重要法则。

现代商业社会是有规则的，不可以实行强取豪夺式的不正当竞争，但是一家企业对社会资源的利用是否有效，仍然可以借用"因粮于敌"的思想进行衡量。例如在跨国投资问题上，企业通常认为必须有足够的资金实力方可为之，看看那些投资中国的西方企业无一不是知名的大公司，而跨出国门的中国企业也必定是有一定的资金实力或者通过上市攒足了资金，才有底气向海外发展。这就是备足粮饷再出征的打法。我们回看华为的国际化之路，它并没有这样的条件。跨出国门之时，并不是意气风发的乘胜之师，而是落败后的转战阶段，正如当年二万五千里长征的红军。华为先是放弃了小灵通市场，之后又在联通 CDMA 网络建设中丧失先机，尽管从技术发展的角度讲，华为选择更为先进的技术走向没有错，但市场的接受需要有一个过程，这种错判的结果是失去了大片的国内市场。那时，华为可谓走投无路，即使想再次采用"农村包围城市"策略也没有了余地，只有退守到更广阔的后方：到国外去，到第三世界国家去，到无人问津的最艰苦的地区去。

此时的华为没有那么多资金，不能为远征的"将士"准备足够的"口粮"，唯有让英勇的"将士"靠自己的努力"因粮于敌"，开拓华为的未来。2001 年，任正非第一个内部讲话就是《雄赳赳，气昂昂，跨过太平洋》，欢送"将士"出征海外。出征海外，胜负难料，任正非说："你们这一去，也许就是千万里，也许十年、八年，也许你们胸戴红花回家转。但我们不管你是否胸戴红花，我们会永远地想念你们，关心你们，信任你们，即使你们战败归来，我们仍美酒相迎，为你们梳理羽毛，为你们擦干汗和泪。"

华为远征的第一站是俄罗斯市场。1997 年，俄罗斯经济陷入低谷，NEC（日本电气公司）、西门子、阿尔卡特等国际巨头纷纷从俄撤离，华为逆水行舟，知难而上，反复表达了与俄罗斯人民友好发展的期望，终于在 1999 年从俄罗斯国家电信局获得只有区区 38 美元的订单。这却是华为的国际贸易第一单！金额虽小，但华为的执着换来了客户的信任，从此国际业务步入轨道。

之后，拉美地区成为华为国际化拓展的第二站，并在次发达国家和地区步步为营，全面拓展。包括泰国、新加坡、马来西亚等东南亚市场以及中东、非洲等区域市场，在南非和沙特这些相对比较发达的国家取得成功后，又将目标转向了渴求已久的欧洲市场。欧洲市场属于高端市场，有较为先进的消费理念，通信消费水平高于全球很多地区，对产品的要求更注重性能。而且欧美通信市场属于成熟市场，网络已经构建完成且标准统一，如果制造商没有相当的实力是很难有所作为的。华为根据当时的客户需求讨论是否开发第四代分布式基站，第四代基站成本会升高 1.5 倍，还有很多技术风险无法克服，一旦达不到市场预期可能几年都会翻不了身。余承东在众多反对声中一锤定音："必须做，不做就永远超不过爱立信。"2008 年，华为第四代基站（Single RAN）问世，而且一鸣惊人、一炮打响，一举奠定了华为在无线市场的优势地位。从此，华为军团一路高歌猛进、四面开花，最后全面占领欧洲市场。

华为的国际化进程表面看是一个市场拓展的过程，但背后布了一盘大棋，是先有投入、才有产出，充分调动各国资源共同努力的结果。当年为开拓俄罗斯市场，华为在俄方建立了第一家合资公司，即贝托－华为合资公司，由俄罗斯贝托康采恩、俄罗斯电信公司和华为三家合资，采取本地化模式的经营战略。2004 年 3 月 20 日，华为欧洲地区新技术研发中心在英国贝辛斯托克落成，这是华为在海外较大的机构，也是中国企业在英国的最大投资。英国《泰晤士报》的权威评论称，此举是中国企业走向国际化的一个重要标志。贝辛斯托克聚集了一大批全球颇具规模的大电信公司，该研发中心落成标志着华为海外拓展的重点逐渐从亚非拉发展中国家转向欧美主流高端市场。

为了有效利用全球资源，华为经过 20 年的筹划布局，建成全球多个运营中心和资源中心，例如：（1）行政中心——在美国、法国、英国等国的商业聚集区成立本地董事会和咨询委员会，加强与高端商界的互动；在英国建立行政中心，在德国成立跨州业务中心，提高全球运营效率。（2）财务中心——包括新加坡财务中心、中国香港财务中心、罗马尼亚财务中心、英国全球财务风险控制中心等，这些财务中心能降低财务成本，可有效防范财务风险。（3）研发中心——俄罗斯天线研发中心、紧靠着爱立信和诺基亚公司的瑞典及芬兰无线系统研发中心、英国安全认证中心和 5G 创新中心、美国新技术创新中心和芯片研发中心、印度软件研发中心、韩国终端工业设计中心、日本工业工程研究中心等，可有效利用全球智力资源。（4）供应链中心——匈牙利欧洲物流中心（辐射欧洲、中亚、中东、非洲）、巴西制造基地、波兰网络运营中心等，可提高全球交付的服务水平。

这里需要说明的是，华为建立这些国外研发中心是为了更充分地利用海外的人才，企业资源在全球范围内的最佳组合才能创造出最出色的产品。早在 1999 年，华为就已经在俄罗斯设立了数学研究所，吸引顶尖的俄罗斯数学家参与华为的基础性研发。进入 21 世纪后，华为设立海外分支机构，吸引人才的力度进一步增大：设置在德国慕尼黑的研究所已拥有将近 400 名专家，本地研发团队占比近 80%。从 2001 年开始，华为加快了国际化研发布局的推进速度。美国是 CDMA、数据通信和云计算的发源地，华为便在硅谷和达拉斯设立了两个研究所（后来由于中美关系紧张而关闭）。欧洲是 3G 技术的发源地，爱立信是 3G 技术的领导者，为此华为在瑞典斯德哥尔摩设立了 3G 技术研究所。俄罗斯在无线射频领域居于世界领先地位，华为便在莫斯科建立了以射频技术为开发重点的研究所。华为轮值 CEO 胡厚崑总结道："在资本、人才、物资和知识全球流动，信息高度发达的今天，'全球化公司'和'本地化公司'这两个过去常被分离的概念正变得越来越统一。华为的商业实践要将二者结合在一起，整合全球最优资源，打造全球价值链，并帮助本地创造发挥出全球价值。"

"因粮于敌"的军事思想在实战中并不多见，如果"因粮于敌"的思想已被敌我双方掌握，那么"夺粮"绝非易事。廉颇坚守城池数年至赵国军粮不济，难道换赵括主动出击是没有道理的吗？难道诸葛亮六出祁山不知道可用曹魏的军粮补充自己的不足吗？因此我们可以理解一家企业稳扎稳打地打好基础，攒够资本，再逐步走向国际舞台的经营步骤。但华为的现状又给我们另一个参考样板：他们没有用资本开道，而是依靠员工的真诚、努力和开放、合作的心态，走出了一条现代"因粮于敌"之路——为了人类共同的美好目标，用世界的资源共同创造人类美好未来。世界舞台上的跨国企业已如天上繁星，怀揣"因粮于敌"战略的华为无疑是最绚丽的一颗。

第六节
要"功"更要"劳"

企业要打造有战斗力的队伍，免不了实行论功行赏。员工的贡献在于"功""劳"二字，很多人不太注意其中的区别，往往以"功"代"劳"，于是在绩效考核中往往重"功"轻"劳"。

何为"功"和"劳"？《廉颇蔺相如列传》中记载廉颇发泄不满的怨言："我为赵将，有攻城野战之大功，而蔺相如徒以口舌为劳，而位居我上。"这里，廉颇有意识地在强调"功"和"劳"的不同，而且明显看不起"口舌"之"劳"，他认为在生死对决中，"功"可以立竿见影，而蔺相如的"劳"只是偶然的投机取巧，不是取得胜利的保障。

这种想法在企业界颇有市场，人们已经非常怀疑"酒香不怕巷子深"的道理了。产品再好，不会宣传，不在营销上下功夫，那也是无人问津的。所以，营销学充斥着市场，被视为经营的高级阶段（现今不少人认为以产品为中心是过时的观念），把销售看作是一个神圣的职业。

把梳子卖给和尚是一个经典案例。某公司为了招聘优秀的销售人员，要求应聘者一周内推销 100 把梳子，把它们卖给一个特别指定的人群：不需要梳头的和尚。这道立意奇特的难题、怪题可谓别具一格，用心良苦，吓退了不少挑战者，但还是有甲、乙、丙三个人勇敢地接受了挑战……一个星期的期限到了，三人回公司汇报各自销售实践成果：甲先生仅仅只卖出 1 把，乙先生卖出 10 把，丙先生居然卖出了 1000 把。甲先生说，他跑了 3 座寺院，无数次受到和尚的臭骂和追打，但仍然不屈不挠，终于感动了一个小和尚，买了 1 把梳子。乙先生去了一座名山古寺，由于山高风大，把前来进香的善男信女的头发都吹乱了。乙先生找到住持，说："蓬头垢面对佛是不敬的，应在每座香案前放把木梳，供善男信女梳头。"住持认为有理。那庙共有 10 座香案，于是买下 10把梳子。丙先生来到一座颇负盛名、香火极旺的深山宝刹，对方丈说："凡来进香者，多有一颗虔诚之心，宝刹应有回赠，保佑平安吉祥，鼓励多行善事。我有一批梳子，您的书法超群，可刻上'积善梳'三字，然后作为赠品。"方丈听罢大喜，立刻买下 1000 把梳子。

通常，人们认为丙先生是最聪明的销售员，这是被"销售人员"岗位迷惑了。实际上，这位"销售人员"改变的是产品，这才是他获得最大成功的原因，因此他首先是一位优秀的产品经理。当然，他也执行了向方丈推销的工作，不可否认的是，还在产品改进工作中创造了价值，既有廉颇的"功"，也有蔺相如的"劳"。如果一家企业重"功"轻"劳"，市场营销很快会成为无源之水。

丙先生这类人才，对企业来说也不是越多越好。因为丙先生这种突发奇想对企业来讲是不可控的，今天也许出了个好主意，明天可能出个坏主意，企业还是要分工管理，出主意的主要出主意，搞推销的主要搞推销。丙先生有这样的才能，不一定要安排在销售岗位上，也可以去当产品经理，但是有一条，这样的人才不管放在哪个岗位，都应充分实现他应有的价值。如果因为重"功"轻"劳"，造成丙先生只愿意干销售，不愿意当幕后英雄，不能充分发挥丙先生的才能，那么对公司及个人都是损失。

经济学的生产要素与分配理论告诉我们这样一个原理：消费资料的任何一种分配，都不过是生产条件本身分配的结果，即收入分配要按各种生产要素贡献进行分配。由于劳动、资本、土地等生产要素在价值形成中都发挥着各自的作用，那么如何进行分配成了难题。一种观点认为，生产要素按贡献参与分配，指按生产要素在创造使用价值时的贡献分配，而不是指它们在创造生产价值时的贡献。这种观点的核心思想是让生产要素在"财富形成"中发挥作用，例如消费者购买某个保险产品主要是因为保险推销员的努力，如果这个推销员推销的是其他公司的产品，那么这个客户也就另有选择了。基于这种认识，企业自然就格外注重那些直接能产生效益的岗位，论"功"行赏，为他们制定提成政策，直接分享企业的收入。

事实上，如同一支足球队不可能完全指望前锋，每个岗位都发挥着相同的作用，所以另一种观点认为生产要素是在"价值形成"中做出贡献的，因而应当按在"价值形成"中的贡献进行分配。尽管军队离不开廉颇这样的将军，但军队的统帅更需要有蔺相如这样的智慧。蔺相如虽然没有直接上战场，为获得战功付出直接力量，但他的价值在于与其他将士形成更有智慧和战斗力的团队。所以，第一种观点或许有市场，也可以成就企业，但绝不是大企业推崇的方案。

华为坚定地选择实行"以奋斗者为本"的机制，基于员工创造的价值进行评估与分配。华为从来不给销售人员提成，而是和其他岗位一样，以岗定级，以级定薪，人岗匹配，易岗易薪。不同岗位的人员按照全方位的平衡计分卡进行考核，不同岗位的员工在相同的标准下进行考核，在各自的"劳"上再比较"功"。在华为这辆战车上，胜利是最重要的，绝不因为局部的争功而破坏整个战局。

第七节
要将才，更要帅才

胜仗归来时如何安排功臣？那些为公司创建立下汗马功劳的元老一旦失去战场这个建功立业的平台，往往会暴露出一些危害性。五代十国时期，中原一直经历着军阀混战，百姓苦不堪言。宋太祖赵匡胤为了政权的稳定，避免下属将领起兵篡夺新生政权，通过酒宴方式，威逼利诱，要求高级将领交出兵权。杯酒释兵权虽然结束了军阀拥兵自重的隐患，但也严重削弱了宋朝的军事力量，尽管宋朝成为当时世界上经济最繁荣和发达的地区，但军事积弱，与辽、西夏、金对抗连连败北，无力解决边患，最后亡国。

企业如何对待创业功臣也是一个突出的问题。那些奉献出青春和热血的功臣都是有理想的人，不是用金钱可以回馈、衡量的，因为他们在公司最艰难的时候坚守岗位，看中的就是共同的信念。但时过境迁，过去的默契可能变成思维冲突，让企业陷入危机。此时，杯酒释兵权有用吗？诚然，新鲜的血液能够带来新的活力，但新补充的血液永远没有原班创业者那么有韧性，因为此时的企业已经不存在真正历练人的艰难环境。

根本的问题应当是能够及时改造那些老将。李云龙没仗打就不知道干什么！其实，这正是充电的好时机。冲冲杀杀只是老将们的一种习惯罢了，充充电，这些战场精灵会发现自己也有当元帅的天赋。所谓"将"，指军队中带兵作战的将军，任务是执行军事命令，而"帅"，是军队中的最高指挥官，是战争的指挥者。古人云："能领兵者，谓之将也；能将将者，谓之帅也。"所以，老将们还有一个更光辉的职业通道——当元帅。

因此，企业要持续发展，就要不断培养将军，也需要培养更多的帅才。在华为，任正非用正职和副职来定义两种不同的干部能力模型。他说："我们通过对干部标准的归纳、总结、评价，选出一批具有一定素质的干部。第一个类型：具有成功的决断能力，而且决断的结果很好，将来就是整个管理团队的一把手；第二个类型：有正确的执行能力，这些人可以成为副职。"华为的干部培养和管理体系一直在打造这样的团队，助力华为业务的发展。

实现"将"到"帅"的转变并非一件容易的事。当元帅其实并不风光，运筹帷幄的人领略不到率领千军万马、所向披靡的英雄气概。让一位习惯征战的将领静下心来坐在案头研究战略，他们可能会觉得比死还难受。但转变是必需的，如果他们不能成长为一把手，就会成为新人成长的障碍。

"将"到"帅"转变的本质是要改变一个人的"匪"气。这里的

"匪"不是指土匪，而是指不按常人之法行事。一个循规蹈矩的人不一定在团队中有出奇的表现，反而是有个性的人会发挥出过人的才能。所以在华为，基层干部也是各式各样，充满个性的。但是，当从"将"到"帅"转变时，就要变得有规矩，能够接受流程、按照流程办事，甚至需要通过制定更好的流程来推动业务的发展。华为早年学习西方企业管理方法时，任正非提出"先僵化、后优化、再固化"的思路，本质上就是摆脱传统依靠人治的管理方法。那段时期，一批不能接受讲规则的领导干部离开了领导岗位，另一批接受新思路的干部留了下来，成为华为后来飞速发展的中坚力量。

由此，华为不仅完成了干部从"将"到"帅"的转变，也完成了从"人治"到"法治"的转变，即高层领导干部不仅有统筹指挥的能力，而且是通过制定流程来落实执行的，这无疑大大提高了执行的质量和效率。如果不是通过流程，而是靠人与人之间传递任务，那么差错率会非常高，难以达到期望的执行目标。由于华为的领导干部通过流程来进行管理，因此他们背上了一个特殊的责任——流程责任人（Process Owner）。一般企业的流程责任人专指制定某个具体流程的责任人，而华为的流程责任人指一个责任范围，如销售、研发、供应链，在这个范围内可以有流程，也可以还没有流程（例如刚创新的业务很可能还没有形成流程），但无论有无流程，流程责任人要具备，他可以对这个范围内的任何问题进行裁决。换句话说，这个"元帅"是某一领域的立法人和管控人。这种角色在传统企业中是没有的。一般传统企业的主角是 CEO 及其领导下的CFO，COO，CTO 等，都是执行官员，即"将军"的角色。华为大量培养"元帅"，通过更规范的立法程序建立管理规则，而不是依赖"将军"个人的执行力，这无疑有助于构筑强大而稳定的企业大厦。

第三章

先胜而后求战

如果有什么需要明天做的事，
最好现在就开始。

——富兰克林

CHAPTER 3

　　了解华为的人都会有一个相同的感受，很多产品并非华为最先推出，甚至即便是同步开始研究，别家的产品上市后，华为总是让子弹先飞一会儿，埋头于案头，一大群人比比画画，要忙上好一阵子，才开始投入行动。但一旦启动就不得了，产品质量和工作效率很高，绝不拖泥带水，攻势如潮。华为把案头工作叫作 Charter，指项目立项的章程、标准、契约性文件，有了它才可以立项，还要经过概念决策（CDCP）、计划决策（PDCP）才投入研发，推行前还要试点验证，只有充分的准备才有好的结果。

　　这十分符合"先胜而后求战"的古代作战指导原则。《孙子兵法》曰："胜兵先胜而后求战，败兵先战而后求胜。"意思是胜利的军队总是先有了胜利的把握才寻求同敌人交战的机会，失败的军队总是先同敌人交战而后企求侥幸取胜。我们审视失败企业的经营案例，无不是抱着赌一把的心理，赚快钱，求速胜，临阵发现有这样或那样的问题，再进行弥补。实际上，整个周期时间长，欲速则不达。

　　战争要充分做好准备，等有胜利的把握再打，解决企业问题也是如此。本章讲解如何做好 Charter，先在纸上锁定胜局。

第一节
谁是敌人？

毛泽东一生撰写过许多文章，汇集的《毛泽东选集》共有五卷，其中第一卷第一篇第一句话就说"谁是我们的敌人？谁是我们的朋友？这个问题是革命的首要问题"。可见，这个问题是一切行动的起源，方向错了，任凭如何努力，也不能到达期望的彼岸。

我们的企业界又是如何做的呢？有多少企业把竞争对手视作真正的敌人？很多企业瞄准的不是客户，没有大力投入研发创新，而是盯着竞争对手，一旦竞争对手推出什么新产品，马上跟上。所以中国市场有许许多多的一窝蜂现象：一窝蜂搞理财产品，一窝蜂搞山寨手机，一窝蜂搞共享经济。在他们眼里，市场就那么大，对手多吃一口蛋糕，自己就少吃一口，必须你死我活地争夺。

其实，战胜不了对手的根本原因是自己不够强大。试想，如果自己的研发比对手强，自己的供应链比对手强，自己的营销比对手强，自己的资金比对手充裕，自己员工的士气比对手旺盛，自己的战略指挥比对手周全，方方面面都比对手强，对手有什么理由战胜自己呢？孙子说："善战者，先为不可胜，以待敌之可胜。"就是说，善于用兵作战的人总是先使自己变得不可被战胜，并等待露出破绽时再战胜敌人。所以，失败的一方一定是在哪个方面不如对手，自身的薄弱环节才是真正的敌人。我们仍然要坚持自强、开放的道路不变。你要真正强大起来，就要向一切人学习，包括自己的敌人。华为员工不称竞争者为对手，而称

"友商"，因为"我们面对的世界各国的竞争对手是非常有职业化水准的，我们在战略上可以藐视他们，但在战术上必须认真重视他们。竞争对手也要手拉手，也要走向合作"。

从军事实力讲，一支军队不可能天然具备一切优势条件，所以军事统帅应当发挥自己的优势，扬长避短，攻敌不备。优秀的将帅不会满足于已经取得的胜利，他会充分利用胜利创造的时空条件，千方百计地提高部队应变能力，补足短板，在下一次战斗时更加强大。企业也是这样运营，签下一个合约，赢得一定的利润，自然就可以维持一段时间的生存。此时，企业应当考虑制作一把射程更远的"弓箭"，而不是接着"找猎物"。要知道，对手也在学习，"猎物"会更难捕获，没有更好的"利器"，过去的好日子恐怕难以再现。

内部的"敌人"来自方方面面，除了研发能力、营销能力、供应链能力，还可能存在士气问题、财务问题、基础设施问题。有时候，一个小问题就会造成蝴蝶效应式的影响。报销流程慢了，可能致使一位销售人员晚一天出差，错过一次与客户的交流，失去一个重要的信息；公司环境的脏乱差，可能成为一个优秀的求职者的判断标准，意向转到另一家公司；客户服务中心收到的客户投诉没有在规定时间内得到回应，可能引起网络舆情，导致公关部门要付出极大的代价才能平息。诸如此类，内部"敌人"是遍地开花的，不重视和解决就像拖着重病的身子在战斗。

华为过去二十多年的变革就像一部与内部"敌人"的斗争史。华为的对外经营为企业争取到了一定的利润，又五年斥资 40 亿元学费向 IBM 等西方公司虔诚拜师学艺，掏出家底也要在内部实施 IPD, ISC 等变革项目，向内部"敌人"发出挑战。效果就是补上了与西方企业竞争

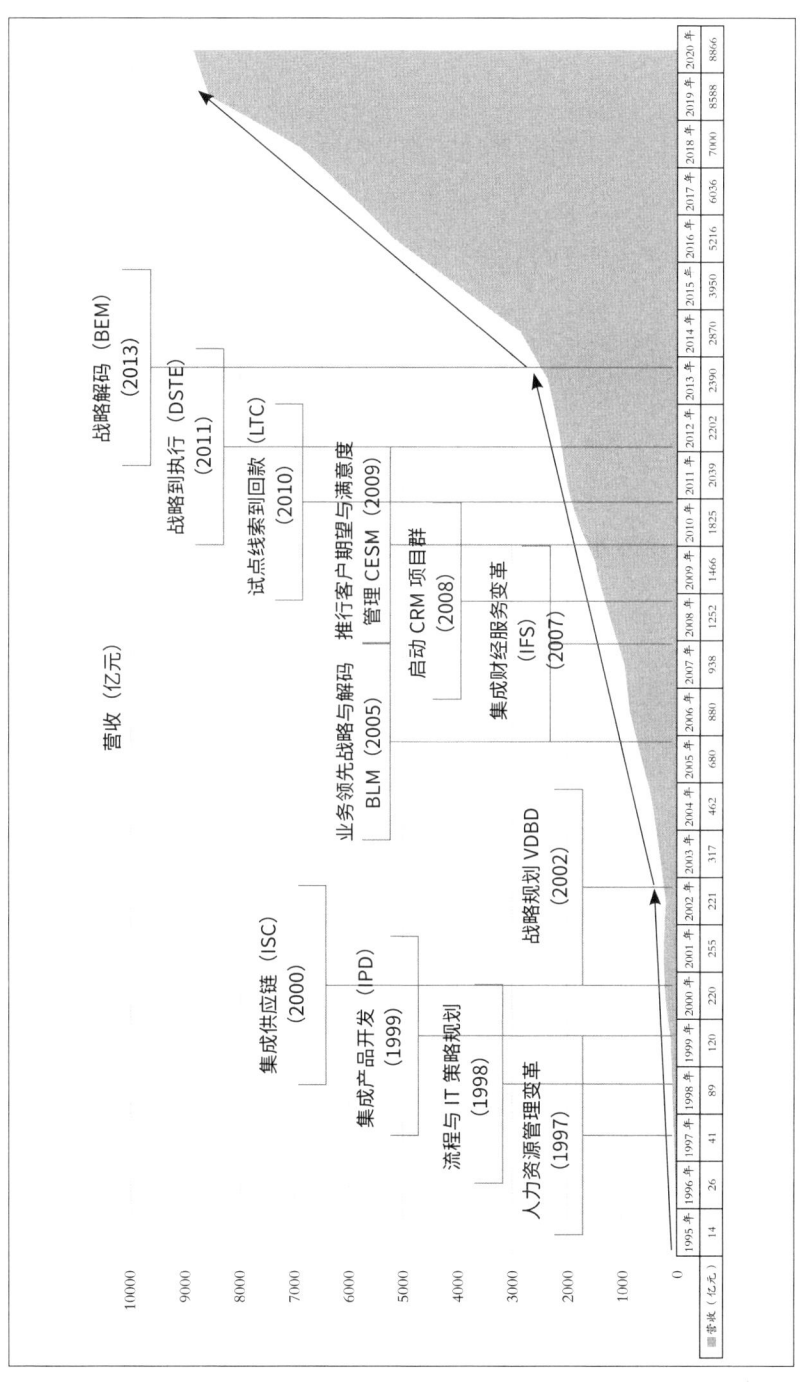

图 3-1　华为销售额增长与历年变革的关系

的短板，使华为的业绩呈指数级上升，很多年份直接在首位数上增长，在世界企业发展中堪称奇迹。

很多企业与华为管理之差别，恐怕就在于此。很多企业也视商场如战场，但对敌人的认识主要放在外部战场，把打败竞争对手作为主要目的，把销售作为主要手段，他们眼中的"兵法"实为用兵之技巧。然而，在道、法、术、器中，技巧顶多处于"术"这个层次，不熟悉战争的道与法，是取得不了大的胜利的。孙子曰："百战百胜，非善之善者也；不战而屈人之兵，善之善者也。"孙子在这句话中提出了兵家最推崇的哲学思想——不战而屈人之兵。孙子推崇的不是"战"，而是"不战"，这一矛盾的表述把兵家提升到了哲学的高度，兼容多种思想，居高临下，一通百通。

用兵之道是"知彼知己，百战不殆"，所以企业应当经常照照镜子，找找自己身上的"敌人"。但需要说明的是，这个镜子得自己主动去照，而不是别人端过来再照。现在很多企业也学习华为的各种变革，却忽视了华为1998年在做什么。华为向IBM学习的第一个项目不是IPD，而是流程与IT策略规划，有计划地部署未来的变革路径，学习变革的方法。换句话说，华为先学了"道"层面的东西，知道怎样去变革，变革过程中还要在专业方面请师父再指点，继续请IBM等咨询公司帮助。而现在的企业直接学华为变革之"法"，这在效果上就会差很多，因为不是学生自己要请老师，而是家长请老师为学生上课，发力的主角已经变化了。

第二节
契约为绳

但凡项目研发就有成功与失败。如果一个项目失败是因为团队实力不济或者指挥能力欠缺，那么失败就是理所当然的。非常可惜的是，现实中很多项目并非以上两种原因导致流产，而是因为最高层的不当干预，把必胜的项目搞黄了。

二战后期，德国从西线转向东线攻击苏联，制订了一个巴巴罗萨计划。原本德国进攻苏联在战略上是有优势的，一方面德军在西线损失并不大，经过大量实战后战斗力很强，而苏联这一时期忙于扩张，斯大林实行的肃反政策清洗了一批具备经验和能力的红军军官和战略家，导致红军的战斗力和领导力大为衰退，所以巴巴罗萨计划并非不切实际之想。但在侵略苏联的计划和主要目标的设计上，希特勒不满足于德国国防军最高统帅部制订的擒贼先擒王的计划，没有集中力量迅速攻占莫斯科，消灭苏军的有生力量，而是想先夺取乌克兰和波罗的海地区，获得丰富资源后才转向莫斯科。这迫使德国分为三个集团军群分兵突破，结果滞缓了进军的速度，战线过散而顾此失彼，未攻击到莫斯科就已成强弩之末。当然，历史不允许假设，希特勒发动的非正义战争最终是必然失败的，但我们仍然可以从战术上分析希特勒兵败的一个原因：不断地改变原有计划，使目标在不确定中波动，例如顾及意大利在希腊的失败，希特勒发动巴尔干战役，以救援意大利，结果使巴巴罗萨计划被迫延迟了一个多月，而这一个多月可能使德军在严寒到来之前有机会占领莫斯科；又比如，斯大林格勒战役初期，德军取得初期的战果，希特勒再次改变了计划，不再集中力量消灭苏军剩余的有生力量，转而分兵支援顿河下游兵团，希望尽快占领那里的油田，但斯大林格勒保卫战最后成为苏德战争的转折点。春秋时期的管仲说过："利出于一孔者，其国无敌；出二孔者，其兵不诎；出三孔者，不可以举兵；出四孔者，其国必亡。"意思是一个国家的利益目标如果只聚焦在一个焦点上，这样的国家可以天下无敌；如果有两个目标，这样的国家可以保证兵力不竭；但如果有三个目标，这样的国家就不必出兵进行军事行动了；要是达到四个目标，则这样的国家就必然灭亡。大凡军事上乱指挥者，均有此一弊。

实际的商业运作也不乏这样的实例。史玉柱规划的巨人大厦为38层，本可以不用银行贷款就能完成，但为了攀比，他中途将大厦"加高"到70层，远远超过自身的实力，成为当时的"中国首负"，巨人大厦也遭遇烂尾。贾跃亭本可以稳稳地建立自己的乐视帝国，可是不安分的他进行了多次大跨度的跳转，实现他所谓的"无边界生态模式"，故他只能是划过天空的流星。大洋彼岸的雅虎曾经是互联网世界最大的巨头，谷歌曾经想卖身于它都没被接受，成为股市明星后的雅虎不满足于技术创新，在财务报表上全面寻找增长点，无节制地扩大业务范围，从搜索扩大到新闻、邮箱、社交、电子商务，什么都想做，什么都不能做精，最终被市场抛弃。

如何解决管理层干涉而偏离战略方案的问题？孙子提出，将在外"君命有所不受"。很多战例也证明，专业军事将领的指挥能力往往超越君王，但这一原则很难普及，因为大量不受命的将领也会破坏战略的执行，所以孙子说"有所"不受并非完全不受，在某些条件下不受君命。但条件为何？这个问题之前没有很好的答案。

IPD 提供了很好的解决办法。IPD 的思想来源于美国 PRTM 公司出版的《产品及生命周期优化法》一书，后经 IBM 公司付诸实践。由于 IBM 成功应用，IPD 也被西方公司普遍采用，而华为也是靠这套方法，深刻改造了华为的研发乃至整个企业的管理能力。采用 IPD 的方法，首先要制定一个项目 Charter。Charter 像一个项目的纲领，是项目得以立项的依据，并成为项目运作的核心指导。有的人把它译为宪章，有的人把它译为章程，似乎均不能准确反映其原意，因为这两种翻译都指法律性质的文书，但项目 Charter 包含更多的含义，具体内容有：（1）Charter 是项目的总纲，包括项目的内容、论证依据、计划书等，相当于这个项目的宪法；（2）Charter 作为项目约定的协议，包括管理层在内的相关人员都应当遵守，管理层是批准 Charter 的责任人；（3）Charter 也是项目验收的依据，判断项目成功与否，只要对照 Charter 制定的目标即可；（4）Charter 是项目迭代的参考资料。一个项目可能成功或失败，而有了 Charter 就可以成为迭代的依据，可以分析每一个项目失败的原因并加以改进，这样就会使下一个项目做得更好，否则没有记录，就没有改进的靶子。

Charter 体现了西方传统社会的一种契约精神，这是中国企业需要学习的地方。一个项目一旦确定，就不要随意更改。治大国若烹小鲜的道理告诉我们，治国不要频繁扰民，正如烹鱼不要频繁翻鱼身。确立的项目不是不可以改，但要慎重，非重大变化不要去变动，那些小问题可以放在下一个项目中解决。

华为之所以成功地学习和掌握了 IPD，全在于任正非对这种契约精神的肯定。在变革之初，任正非提出"先僵化、后优化、再固化"的思路，让 IBM 的顾问用专业的知识指导变革，充分放权和信任。反观现在很多学习华为管理方法的企业，其对 Charter 并非十分重视，只是走个形式，根本就没有领会项目的契约精神，从一开始就没有认真起来。

需要说明的是，IPD 最初作为产品开发和管理的方法，其思想灵魂不一定仅限于产品研发，正如《孙子兵法》里的哲学思想也可以应用于国家治理和为人处世，领略到这一点才能参透本质。所以 Charter 也不仅仅是一个研发项目的纲领文件，也是我们可以通过项目攻关解决内部管理问题的纲领，用于解决企业自身的隐患。在参透这一点后，华为将 IPD 的方法用于内部流程的建设，形成称为 PMOP（项目群管理运作流程）的一套方法。若仅将 IPD 作为研发的方法，实际上既未参透 IPD，在研发方面也做得不彻底。

第三节
谋略之道

Charter 作为一个项目的纲领，首先就要讲清楚项目的核心内容，即用什么功能解决什么需求，它对应于军事战争就是锦囊妙计。"锦囊"就是要保密资料，关键时刻才能拿出来，否则会泄露军机，也就失去妙计的意义。所以 Charter 是一个保密性的文件，应当由企业建立保密制度来保障，此处先论述为何要制定"妙计"。

说到兵法，免不了要谈计谋。孙子曰："凡战者，以正合，以奇胜。"就是说战争需要出奇制胜，不会使用计谋的人不可能以弱胜强。那么，何为计谋？用现在企业的术语讲，就是问题的解决方案。但是，解决方案不是一对一地解决问题那么简单，尽管一对一解决问题的方案也是方案，但没有经济价值就没有意义。如同让棋盘上自己的"卒"兑掉对方的一个"兵"，除非有战略意义，否则就是浪费一步棋，有百害而无一利。

解决方案就是要让自己的一步棋（也就是自己产品的某项功能或某项服务之举）有一石二鸟的作用。《三十六计》中的每一计可以说都有此功效，例如第一计"瞒天过海"是既要隐藏行迹，也要达到目的；第二计"围魏救赵"是既不与魏国硬拼，也要解赵国之围；第三计"借刀杀人"是既杀了人，还不脏自己的刀子。企业要在市场竞争中脱颖而出，比拼的是计谋的运用能力，而战术的本质就是一石二鸟，甚至一石多鸟。

很多企业在经营上缺乏计谋，只会死拼到底。例如面对如火如荼的共享单车市场，各家参与竞争的公司能想到的方法就是融资、融资、再融资，只会用投放量挤压对手。这种结果对当事几方来说不到最后是不知道鹿死谁手，即便赢了又如何？负债累累的结果也不知谁能真正受益。共享经济是在互联网世界上诞生的一个思想火花，相对于历史长河的确有其新意，但这一新意一旦被所有人看到和运用，就不是什么新鲜事了，因此也谈不上是什么好的商业计谋，况且共享单车的门槛又那么低，几乎不用太多创新，能够组织起现有产能即可。纵观激烈竞争的共享单车市场，难道真的无计可施吗？想想共享单车是针对地铁、公共交通汽车等不能满足的短途出行问题，在这个出行过程中，真的没有更多的需求了吗？也许有人希望路上听听歌曲，减轻烦躁，为什么不能给共享单车配备收音设备或 MP3 ？哪怕是装个手机支架也好啊！有人想下班路上顺便买点菜，可共享单车的车篓为什么那么小，装不下多少东西？有人每天要去健身房，为什么不为这些人装上一个阻尼设备，让他们在回家的路上就完成了每天的锻炼呢？如此种种的需求，共享单车企业竟然没有一家去做一点点改进。

大凡这些共享经济跟风者会认为这是一个千载难逢的机遇，因为好点子不那么容易出现，一旦出现则万不可错失良机。在他们眼里，灵感是那么可遇而不可求，因为他们找出了爱迪生说的"天才是 1% 的灵感加上 99% 的汗水"的后半句："但是那 1% 的灵感比那 99% 的汗水更重要。"其实，灵感是一种直觉性的思维活动，并不完全依赖逻辑推理，因而往往能跳出固有的思维模式，发现一些新的方法，具有一定的创造性。但灵感也有成功率和可靠性不高的问题，企业祈望靠萌生灵感而生存，那就犹如守株待兔。很多企业的创新实际是依赖个别核心人物，有他们，企业则存在，没有他们，或者他们已经没有创新能力，企业则树倒猢狲散。很显然，华为不能走这样的道路，而是必须依靠员工，由那些普普通通的员工扛起创新的大旗。

这种群体创新依靠的就是流程。1998—2003 年，华为公司进行了彻底的改革，任正非亲自推动向 IBM 学习。1999 年开始引入 IPD 管理流程，面对 IBM 20 亿元人民币的报价，任正非一分钱都没有还价，以极大的勇气和魄力接受这家西方企业的经验。IPD 是一种跨部门合作的体系，是一种产品开发的理念以及模式。实施 IPD 变革并持续不断地实践和优化使华为建立了一套适合自己的、能制度化、持续稳定交付高质量产品的研发管理体系，产品开发领域不再依赖于"英雄"而是基于流程，持续推出能满足客户要求、有质量保障的产品。

IPD 的神奇之处在于让许许多多"笨人"能够和知名的"聪明人"一起比拼。说是"笨人"并非说他们智商不够，而是因为他们颠倒了爱迪生那句话，让 99% 的汗水成为创新的保障。爱迪生之所以能搞发明创造在于他用 99% 的汗水积累了丰富的知识、信息和经验，这是他成功的基础。所以不管个人发明还是集体发明，充分的积累是第一步，反映在 IPD 流程上就是一个需求性的管理流程。华为知道不管用什么方法，实现客户越来越多的需求是唯一正确的事情，为了收集产品需求，华为的员工可谓挖空心思地想尽各种方法，不仅研发人员从学到的新技术中去想，也拉着市场部门想，甚至让内部员工（无论是否在这个岗位上的员工）也来想，还为此建立了考核、奖励等机制，有些员工为了提出好的需求，到客户中生活，让自己成为用户，甚至自学心理学课程。所以，在汗水与灵感之间，为华为研发立下功劳的首先是汗水。

其次，灵感不是依靠个人，而是主要在流程的协同下发挥集体作用。在流程的指导下，需求经过识别、过滤、分类和排序，去伪存真、去粗取精，成为产品开发的目标。开发设计人员就可以研究哪些需求聚焦于哪些模块，使单一模块上的功能越来越多，这样"计策"也就越来越妙。此外，IPD 还有创意（Idea）管理流程，规范了产生创意、激发兴趣与协作、孵化原型和验证、确定创意的商业化步骤。当这个创新工作变成了一个自动化的过程，整个企业就成了能够自我驱动的有机体。因而，任正非在总结华为公司 IPD 变革的体会时说："我最大的收获就是可以游手好闲。"

《孙子兵法》中最精练的一句话就是"兵者诡道也"。很多人对于这句话的理解是看中了"诡"而忽略了"道",他们的认知偏向"诡计"而不是"诡道"。真正的"诡道"是一种确定的方法,用这种方法就可以帮助我们在任何时刻找出创新性方案。所以,谋略并非无道可循,更不是毫无原则的标新立异,企业的经营就在于求道。

IPD 的方法不仅仅适用于产品研发,实际上处理任何企业内部管理问题也都可以运用,因为这是一种管理之道。许多领域的专家比一般人有更多的经验,解决问题的效率特别高,那是因为他们用 99% 的汗水积累了经验,而华为在用集体的力量共同积累 99% 的经验,也能在营销、服务、供应、财务等方方面面做得最好,这样的企业能不强大吗?

第四节
妙计的诞生

企业经营是否有钱可赚就行了?售出一台苹果手机,苹果公司赚三四百美元,而富士康只赚到 10 美元,富士康的收益可能还跑不赢通胀。兵法讲究的是极优,不是简单地满足于赚到钱,还要思考怎么赚钱才能赚得更多。《孙子兵法》有云:"夫用兵之法,全国为上,破国次之；全军为上，破军次之；全旅为上，破旅次之；全卒为上，破卒次之；全伍为上，破伍次之。"这里，破国、破军、破旅、破卒、破伍指盈利的不同等级，赚小钱是万不得已之选，但凡有机会、有能力，都应当下一盘大棋。

何为赚钱之道？在一定的市场范围内，运用经济学的规模经营原理，最需具备可复制的生产能力。微软公司为什么能赚钱？因为它的产品可以拷贝，拷贝一套就是一套的钱，而目标客户是地球上的千家万户。华为为什么能赚钱？因为它聚焦于设备、终端产品，这些产品可以在工厂里复制。腾讯为什么能赚钱？因为它按自己的标准设计网站和APP，人们只能按照腾讯的节奏使用这些软件，这是腾讯在复制客户。如果这些企业像那些解决方案提供商一样一家一家地定制，恐怕连一个国家、一个地区的消费者都满足不了，何谈服务全球？所以，企业最根本的是要把提供的服务产品化，产品化就实现了复制的能力。

很多人可能不以为然，他们会拿海底捞的案例来说明服务好对一家企业是多么重要。海底捞创始人张勇及其同伴最初开了一家小小的火锅店，少有人问津。一次，来了几位客人。因为难得有客户光顾，张勇等人殷勤接待，好生服务，临走问客户火锅味道如何，客人直夸好。客人走后，张勇亲自品尝了一下，觉得其实口味一般，但客户为什么还要夸奖呢？张勇明白了，是优质的服务让客户感到满意。于是，海底捞走上了全心全意、热忱服务的特色道路，打出了品牌特色，成为家喻户晓的餐饮企业。

但是，海底捞这种模式好吗？体验过海底捞服务的客户普遍会感到，就其火锅本身而言海底捞并没有那种让人特别流连忘返的感觉，价格却高过一般火锅店。这倒也不是海底捞黑心要高价，而是因为保障优质服务不是没有代价的，它需要更高的人工成本进行维持。其实，享受完海底捞这种尊贵式服务后，大众客户还是希望得到物有所值的消费。对于吃一顿饭，食物满足是最主要的，过度服务导致客户把钱花在不需要的方面，这不是理性的消费者所希望的。好在海底捞始终比较重视创新，现在也推出了机器人餐厅，这样将极大地节约人工成本，因为机器人是可复制的，企业可以获得降价空间，与客户双赢。

从军事角度讲，可复制性就是武器的生产能力。发生于 1337 年至 1453 年期间的英法百年战争代表欧洲从传统骑士主导的战争形式向现代战争的转型，以克雷西会战最为典型。这场会战英王爱德华三世率军九千人渡海对阵法王腓力六世的三万余人，尽管法军是欧洲最为强大的骑士兵团，且数量上占据绝对优势，但令法军意料不到的是，英军有用不尽的弓箭，接连打退了法军的十五次冲锋，直至法军宣告失败。此役法军伤亡万余人，英军伤亡则不到二百人。后来人们得知，英军拥有这么多弓箭的秘密在于他们建立了兵工厂，将弓箭制作标准化，极大地提高了产量。英军此举开启了武器装备的改良和演化。在百年战争后期，法军开始大规模使用火药及火炮作为武器而取得胜利，也成为后来拿破仑称霸的基础。可以说，快速复制武器促使新形态战争方式的诞生和发展。

在春秋时代的孙子没有见识到现代的技术条件，他的兵书没有对武器有多少论述，但仍然有一些思想可以借鉴。例如他说："用兵之法，十则围之，五则攻之，倍则分之，敌则能战之，少则能逃之，不若则能避之。故小敌之坚，大敌之擒也。"主张在实际作战中十倍于敌就实施围歼，五倍于敌就实施进攻，两倍于敌就要分割消灭敌军，势均力敌则设法抗击。兵力弱于敌人，就避免作战。所以，弱小的一方若死拼固守，就会成为强大敌人的俘虏。他并没有强调英勇气概的作用，不把国运放在赌局上，而是客观地论述战争的经营之道：十倍于敌，能够使敌方首尾难顾，基本可以以极少的伤亡而取胜，实现最大的收益。五倍、二倍、匹敌就依次降低效用。所以，现代战争打的是科技战，虽然抗美援朝时中国军队可以以钢铁意志对阵美国的钢枪利炮，但从长远来讲，中国仍然要发展远程打击能力，缩小与世界强国的差距，不仅要打得"赢"，还要打得"盈"。

打得赢靠苦力，打得盈就靠技术了。海底捞的机器人虽然没有服务人员那种自然的微笑，但可以复制，成本能够大大降低，这样海底捞就能打得盈。但仍然不是最"妙"的。妙者巧也，就是在各种功能模块中进一步把碰"巧"一样的底层功能剥离出来，用一个更底层的功能模块支持不同的应用模块，例如海底捞机器人与工业机器人长相大有不同，对于传感信息的采集和处理有相通之处，因此华为就推出鸿蒙操作系统让万物互联。当然，也有别的操作系统，这些操作系统的底层又可以提炼出共性，做到芯片中。所以，妙计说到底也是有套路的，只是有些人能力特别强，让人感觉他的妙计特别多。只要我们看到妙计的套路，让普通人发挥集体智慧，一样也能做出能人之事。

很多企业没有参透这个套路，就事论事地解决问题，可能也有计策，但往往不够"妙"，没有进一步提炼底层的东西。所以，产品或者解决方案要有层次，从需求到产品特性、再到功能、再到平台等各个环节，这种结构可以自己定义，有了层次结构才可能"妙"。另外，企业的组织也要跟上，不仅要有能够"救火"的队员，也要有不在一线，但能做好支持、让业务更有效的人员，例如专门负责数据管理和分析的人员、专门研究新技术的人员，他们能把更底层的东西萃取出来。华为搞的 2012 实验室就有这种功效，他们的研究虽然不能马上应用于商业，但是一旦派上用场，就能使华为的解决方案更"妙"，更有竞争力。

妙计（解决问题的实现方案）也是 Charter 的重要组成部分，不需要太详细，决策者能看懂即可。妙计详细列于纸上，成为公开的秘密，那还有什么价值？保密工作当然要做，毕竟项目组人多，也难以绝对保密。这里只能两利相权取其重，两弊相权取其轻了。打仗要靠众多士兵去拼杀，最终要让每个士兵理解战略意图后才能正确行动。战场之上，"言不相闻，故为之金鼓；视不相见，故为之旌旗"。诚然，金鼓、旌旗也会被敌方看懂，但不能因此而不用，正如有些魔术手法一看就懂，但要做到表演不出破绽，还需十年苦练。从华为的实践看，胜利来自强大的执行力，而执行力来自巧妙的指挥，这值得在 Charter 这张纸上好好规划。

第五节
度量数称胜

项目运营的一个不可回避的重要问题，就是投资回报问题。人们一般认为这是个财务问题。知道项目收益有多少，投资有多大，就可以确定这个项目值不值得做，是项目可行性的一个重要指标。但项目很难被准确评估，因为未来难以确定，所以人们不得不靠拍脑袋来决策。

财务问题是业务问题的反映。对于过去发生的业务事实，业务结算时已经产生了会计数据，所以财务状况容易直观地被感知。而没有发生的业务呢？按照兵家和华为这种"纸上谈兵"的做法，未来业务也是可以预演的，因此纸上的财务问题也可以预演。如果没有去做这些"纸上谈兵"的工作，盲目进行财务预测当然只能拍脑袋。

要使一个项目先胜过 Charter，就要在 Charter 上做好胜负计算的文章。孙子曰："兵法：一曰度，二曰量，三曰数，四曰称，五曰胜。"这里包含了孙子的经济学的思想，也是 Charter 的要素。

第一是"度"。它是测量长短的器具或单位，如尺度；引申为事物所达到的境界，如程度。在哲学上，度指事物保持自己质的界限。这就告诉我们做一件事要有明确的边界。打一次仗，要明确敌人是谁，友军是谁，打到什么程度（消灭还是征服），不能稀里糊涂地打仗，也不能飘忽不定地打仗。对于一个项目来讲，立项就是要明确项目的边界，做什么、不做什么的思路要清晰。很多企业的项目做不到这一点，总觉得客户的需求要满足，领导的想法也要接受，往往立了项之后又不断变更需求，最终把项目"撑"爆而亡。执行项目就要按照自己既定的目标前进，外来的干预（如客户的定制化需求）可以交给另一个服务交付团队解决，干预了"主战场"就得不偿失。

第二是"量"。即确定、计测东西多少、长短、高低、深浅、远近等的器具，如量具。当然，作为动词也可以解释为计量、测量、估量。我们现代人容易把"数"和"量"混为一谈，实际上"量"指确定目标，如"量体裁衣"是把"体"作为目标进行"量化"，而"数"则是具体数一数，也许够，也许不够。所以"量"就指项目的概念阶段所做的事情，讲清楚做什么，并以此作为项目的验收目标，包括时间、成本、收益、战略和社会价值等。如同战前要先订立奖惩标准，衡量战果。

第三是"数"。表示划分或计算出来的量，如数目、数量。数是在资源盘点的基础上对量进一步计划，也就是项目计划阶段的工作，在战争指挥中就指下达到连排级的战斗部署。需要注意的是，此时的部署是对可行性的排查，意味着一旦不可行仍然可以否决前面的安排，即通过实际情况论证"量"的漏洞，从而否决"量"的预案。同样，此前"量"的论证也可以否决"度"的安排。这种否决自然会抹杀前期的工作，但总比投入实际战斗再打败仗的损失低。华为的成功经验在于严格把控立项、概念和计划三个阶段的决策（即"度""量""数"），而那些失败的企业往往放松决策要求，一味投入实际开发，焉有不败之理？

第四是"称"。有量轻重、衡量的意思，也就是决策。上述"度""量""数"皆要决策，之后的一些关键环节也要决策，问题是如何决策？"称"的另一层含义指适合，如称职，因此决策要从不同的职能角度多方协同，各方都要称职。古代打仗，元帅、将军负责远征，军需官负责粮草，君主负责协调，因此战争规划要在庙堂上进行，孙子称为"庙算"。一个项目的管理往往不是一个部门的事情，否则也不用成立项目组，因此管理项目的应当是一个委员会。在很多企业，由于CEO独大，很多委员会是玩不转的，而华为推行轮值CEO，每个任期只有6个月，是真正的委员会制。不参透这一点，学习华为的IPD，LTC，ISC等变革是学不到位的。

第五是"胜"。指在竞争或竞赛中打败对方或事业达到预定目的。通常决策正确，结果必胜，因此人们往往忽略孙子在这里加上"胜"字的作用。实际上，好决策并不能保证胜利，孙子加上这个字就是提示我们如何进一步保证"必胜"。天下武功，唯快不破，唯有让计划的执行力犹如离弦之箭，一发而不可收，才能保证"必胜"。孙子曰："胜兵先胜而后求战，败兵先战而后求胜。"打仗不能靠赌，就是要"纸上谈兵"，必胜后再开战。为了提高项目的成功率，确保必胜，华为采取了很多措施，如试点性建立关联配套项目群、提供流程 IT 支撑等，华为的项目因此也呈现前期投入时间较长的特点，但一旦投入市场，华为总能后发制人，铺天盖地，一战而定乾坤。

上述五方面存在相生的关系。孙子曰："地生度，度生量，量生数，数生称，称生胜。"其中"地"指地域，指战略空间，属于战略管理范畴，所以项目要承接企业战略。基于战略制定规划，基于规划就可以明确实现什么功能，基于功能就可以明确资源，进行科学的决策，并且通过验证等方法确保项目必胜。此五者的关系就是华为项目管理流程的写照。

需要说明的是，大炮打蚊子不经济，自不量力地送死也是不行的，因此要恰到好处，每战必胜，使胜仗一个接一个逐步奠定胜局，最终消灭敌人。所以项目规划还需将拟实现的功能排个序，根据自己能动员的资源，分几个步骤来实现，这就是路标。合理安排路标，不仅充分利用了企业自身的资源，用迭代的方式投放产品或者解决自身问题，也使企业得到持续稳定的发展。很多企业担心自己的新产品会被模仿，但担心是没有用的，只要自己的规划是有路标的，就可以不断地推陈出新，别人模仿都跟不上。企业内部发生问题了不能都停下来等问题解决，等着等着企业就可能没粮了。需要带伤前进，让一部分人参与治疗，慢慢伤就治好了，而且这样的代价最小。

从军事角度讲，任何一个正规部队都需要设置预备队作为机动使用的兵力编组，适时使用预备队对于夺取作战主动权、取得作战胜利具有重要意义。战国时期著名军事家孙膑提出了"斗一、守二"的思想，主张作战时以 1/3 的兵力为前锋，与敌交战；以 2/3 的兵力作为后队，待令而动。预备队的编组根据作战任务、作战编成、敌情和地形等因素确定，其兵力在防御时约占总兵力的 1/3，在进攻时则稍少。由此可见，兵家行事从不孤注一掷，一定要留有后手。

任正非于 2018 年在上研所听取华为无线业务汇报时发表讲话，提到"沿途下蛋"的概念，即在追求理想主义目标的时候，用孵化出来的技术做出现实的产品，也就是"在攀登珠峰的征程中沿途下蛋"。他举例说："我们说无人驾驶，其实是一个珠穆朗玛峰，是一个领袖型产业。我认为无人驾驶是基础研究，支持科学家为理想而奋斗。暂时，不要去做商用产品。先让科学家一心一意研究科学，不要顾及商业利益。沿途下蛋，将来即使是我们不能在马路上无人驾驶，可以在生产线上使用，管理流程中使用，低速条件下的工作中使用……各种东西都可以引入无人驾驶这个思维概念，但是它不一定就是无人驾驶。"沿途下蛋是前进道路上的小目标，为大目标提供粮食，这样就能实现大目标。

当项目的 Charter 写清楚投资回报的计算依据以及可信服的实现路标，胜败就明摆着了。孙子说过的"地生度，度生量，量生数，数生称，称生胜"法则，至今仍未过时，我们用得好的企业又有多少呢？

第六节
协同作战

作战最怕天有不测风云，把作战计划打乱。正如诸葛亮围困司马懿，待以火攻之，却天降大雨，浇熄了诸葛亮心中希望之火。诚然，我们不能用神仙的标准要求诸葛亮，但如果能多考虑一点潜在的风险，就可以多一分把握，多一点胜算。

大凡项目都是有风险的，因为项目做的就是从无到有的事情，没有多少经验做铺垫，未来必然存在不确定性。美国项目管理大师马克思·怀德曼将风险定义为某一事件发生给项目目标带来不利影响的可能性，因此 Charter 就要识别和管理风险。项目风险管理的内容包括项目风险管理计划、风险识别、定性风险分析、定量风险分析、风险应对计划和风险监督与控制。Charter 作为总纲，可以先做初步的风险识别、风险评估、制定应对措施和安排风险监控。

在风险识别上，要注意"天灾"，更要注意"人祸"。天灾对敌我双方是无差别的，但人祸则是亲者痛、仇者快的事，在战争中尤其要注意避免。解决人祸就是要在内部充分协商和沟通，让相互关联的其他部门或项目通力配合，协同作战。

历史上吴越两国都曾是春秋霸主，但都没有列入战国七雄，何故？两国相拼搏杀，并未成就真正的大国。孙子曰："夫吴人与越人相恶也，当其同舟而济，遇风，其相救也如左右手。"然而，吴越两国没有如孙子期望的那样精诚团结，即便做过霸主又如何呢？

所以关联项目或部门的意见也是不可缺少的重要组成部分。所谓关联项目，就是与本项目有利益关系的其他项目或者部门，例如开发某个部件是否与另一个项目组开发的部件相重叠或交叉，如果有关联，那么对方是否同意本项目的方案，如何沟通，有何争议点，如何才能达成一致，等等。有了这些沟通做基础，就可以提请高层决策。由于 Charter 记录了沟通意见和决策意见，又成为各方执行的协议性文件，因此就能保证项目被关联方协同支持。

蒋介石不懂得这个道理，他组织的国民党军队派系林立，达不成统一的行动纲领，所以注定失败。以孟良崮战役为例，国民党方如果能守住山东战场，本可以扼守中原门户，进可攻、退可守。面对局势，解放军华东野战军也只得暂时隐蔽，等待时机。国民党整编第 74 师是蒋介石的"五大主力"之一，师长张灵甫是国民党军队中少有的悍将，仗着自己全副美式武装的战斗力，他一马当先，甘当诱饵，以"引蛇出洞"之计吸引粟裕主力部队，让国民党其他部队进行反包围，妄图重创华东野战军。他的如意算盘打得是很好的，但他平时自恃作战有功，骄横跋扈，与其他部队矛盾较深，所以支援部队并不积极，在蒋介石三令五申下缓缓推进，即便到了距孟良崮五千米处也止步不前，使第 74 师在孟良崮坚守了整整三天，最终覆灭，师长张灵甫也自杀殉职。对于这次失败，张灵甫在给蒋介石的信中写道："以国军表现于战场者，勇者任其自进，怯者听其裹足，牺牲者牺牲而已，机巧者自以为得志。赏难尽明，罚每欠当，彼此多存观望，难得合作，各自为谋，同床异梦。"这几点可谓一针见血，国民党军各部队为自己打算，全无丝毫大局观念。没有战前周密到位的部署，令各将官思想协同一致，并配以严格的管理措施，第 74 师在孟良崮的覆灭是必然的，国民党最终失败也是必然的。

2019 年 10 月上旬，2000 多名来自华为的工程师受"号召"集结于东莞松山湖园区，对谷歌移动服务（GMS）的缺口进行紧急"补胎"。这场被称为"松湖会战"的技术攻坚会议被认为是华为成立以来会战规格最高、参与人数最多、最具有挑战性的一次内部资源合作，构建移动应用生态平台的鸿蒙操作系统注定是一个新的里程碑事件。

"我们自华为公司成立以来打了无数场仗，但说实话打这场仗，从开始打的时候，没有人确定地认为可以打赢。因为这么多公司都想建立生态系统，其实都是铩羽而归，华为搞生态能不能搞得起来，大家心里其实是打鼓的。"华为消费者业务云服务总裁张平安说道。他作为松湖会战中 HMS（Huawei Mobile Service）Core（华为移动核心服务）开发组的组长，是这个大项目的负责人。尽管招揽了 2000 多名工程师，但相比于构建鸿蒙操作系统这个挑战目标仍然是心有余而力不足的。从华为消费者业务 CEO 余承东在华为开发者大会 2020（Together）主题演讲正式公布的数据看，HMS Core 的开放能力从 2019 年的 14 个 Kit（装备）增长到 56 个 Kit，API（应用程序编程接口）数量则从 885 个跃升至 12981 个。目前，全球已经有超过 9.6 万个应用集成 HMS Core，但与谷歌 GMS 接近 300 万款应用的数字相比仍相距甚远，尽管华为用不到一年时间交出这样的答卷已很不容易。

实际上，华为从 2012 年就开始规划自有操作系统，起初并不是为了手机使用，而是为了切入物联网市场，涉及业务比如自动驾驶、工业自动化。因此，我们不应将鸿蒙与谷歌、iOS 直接相比，对于这个万物互联场景下的新物种，华为是领先的。这种万物互联的操作系统不单纯是一个软件，涉及的面更广，需要硬件、设备，乃至客户团队参与，往往会远超 HMS 项目的范围和资源，唯有与这些关联团队保持协同，让彼此了解所做工作的内容有无利益冲突，有无资源可以共享，计划和步骤能否相符，不能达成一致的方面是什么以及是什么原因，再由更高层决策，协调解决。因此，鸿蒙生态不是简单的"集中力量办大事"，而是要在商业利益正向产出的环境下，把不同环节的参与者都协调起来。

现在很多企业推崇的阿米巴经营模式，也是讲究协同的。稻盛和夫提倡的"敬天爱人"思想也认为团队之间需要相互理解，相互协同。而华为用 Charter 提前把协同工作落实，这种具有契约性质的方法显然更值得学习。

第七节
决策于广庭

一个好的 Charter 需要花费相当的精力，才能实现先胜于庙堂之上。"夫未战而庙算胜者，得算多也；未战而庙算不胜者，得算少也。多算胜，少算不胜，而况于无算乎！吾以此观之，胜负见矣。"按照孙子的观点，胜负在于算的多与少。

孙子之兵家思想已流传两千多年，为何实际战争中很多战例都不首功于庙算，而是靠计谋、英勇和训练有素取胜？实际上，庙算不是那么容易算准的，除了未来的不确定因素外，谋划者的个人能力也是一个很大因素。心理学中有一个"虚假同感偏差"效应，解释了很多人自信的来源。虚假同感偏差又叫虚假一致性偏差，指人们常常高估或者夸大自己的信念、判断及行为的普遍性，它是人们坚定自己信念、判断的一种表现方式。人们在与别人相处的时候，总是习惯性地把自己认为对的信息复制到别人身上，假设自己和别人是一样的状态。这种虚假同感偏差能让人们相信自己的信念、判断及行为的正确性，从而得到自信、自尊。当遇到和自己的认知不一致的信息时，这种偏差能让人们坚持自己的认知。但如果他的认知本来就是错误的，也会做出错误的判断、选择和决定。例如诸葛亮认为"匡扶汉室"是正义之举，因为不少汉末风骨尚在，伐魏是天道，应当能够得到天下支持，胜算大矣。但实际上汉末思想活跃，士大夫阶层已开始显露后来的魏晋风度，新旧交替之势已不可逆转，在"天道"这个问题上诸葛亮应当是算错了。

如何避免虚假同感偏差效应？俗话说，兼听则明，偏听则暗。李世民有魏徵辅佐，能够做到兼听，但这样的帝王历史上又有多少呢？所以明君是靠不住的，需要有一种制度来保障。华为向 IBM 取经时获得了一个很好的办法，就是自下而上的群体协作与决策。在 IPD 流程中，Charter 作为作战部署性质的文件，其制定方不是高层，而是基层团队。高层是最终的决策方。这就可以避免虚假同感偏差效应，因为作为审视方的决策者扮演的角色与制定者不同，更容易挑出别人的错误，必然使Charter 算得越来越仔细。

这样一来，华为的项目决策变成一种法庭式的裁决：项目组团队在 Charter 中写清楚这个项目要干什么，怎么干，成本多少，收益多少，要哪些资源，预算多少，相关项目组或部门的意见是什么，等等。最后提交管理团队决策。作为决策者，从来不会主动提出什么主张，而是根据提交的申诉作出判断。这是一种真正的民主方式，因为管理团队不提主张，意味着不会对项目组施予引导、压力或暗示，使下属能够真正按自己的想法制订计划。领导如果有什么想法怎么办？也是作为一种需求输入，供项目组分析。例如任正非曾经要求不要做手机业务，但他的"命令"也只能作为项目组的参考意见，究竟做不做手机还要看多方的论证结果，这样就确保了决策的科学性。

这种法庭式的管理方法在华为很普遍，例如在产品研发领域，就按不同的项目级别由集成产品管理团队（Integrated Product Management Team，简称 IPMT）、产品开发团队（Product Development Team，简称 PDT）等部门联合体对产品研发的立项及项目关键点进行决策，在销售领域有各级销售决策团队（Sales Decision Team，简称 SDT）对销售项目的关键决策点进行决策，在流程建设领域有各级 3T（Business Process Team，业务流程团队；IT team，It 团队；Management Team，管理团队）组成的综合协调团队对流程变革和优化项目进行决策。这些管理团队也不是简单地判个案子了事，他们是责任的背负者。华为对内实行的是授权不授责，虽然事情授予属下去做，但责任并非一推了事，而是首先要背负领导责任，因此对于需要审视的决策请求必须慎之又慎。对于责任方来讲，他们面临管理团队严谨的审视，工作必须在规定的时间内高质量完成，才可以在最短的时间内完成清晰而有效的汇报，为此加班也是常事。这个过程较为艰苦，但压力之下总是有回报的，因为严苛要求下的 Charter 等计划使华为的项目更加稳操胜券。

华为从 IBM 学到的这种做法的确很独特，颠覆了企业管理者的认知。我们知道，管理者对企业的经营至关重要，所以几乎所有的管理学都是直接或间接地提高管理能力，使管理者能够更有效地驱动员工努力工作。华为的这种做法却要发挥基层团队的集体力量，让他们自己出谋划策，制订未来的行动计划，并在执行中自我驱动地进行调整和控制，把管理的职责变成了集体行为，提高的是团队的能力。如果放在军队中，就是让士兵们也具备将帅的能力，自己集体讨论作战计划，将帅的任务是审视关键点，决定是否批准计划。由于这种计划是士兵们自己制订的，对计划的理解十分深刻，行动力极强，战斗力就极强。

这种做法即便在兵书中也是不多见的，孙子在他的兵法中也多强调将帅的所作所为，并未提及士兵应有的素质。但是，孙子强调了用兵之道是"无穷如天地"，千变万化，没有终极的标准，所以兵书未提及的未必就不是兵法。如今变为士兵统率将领，也未尝不可，毕竟现在已经是孙子之后的两千多年了，人类组织的架构不可同日而语。

第八节
三思而后行

华为兵法另一个突破之处在于对"庙算"过程采取一种由粗到细的渐进式演进方案。"庙算"要做到多算，成本也是巨大的：解决方案是否可行？可能需要设计出可落地的模块才能构成完整的逻辑。各种需要的资源能否到位？需要逐一沟通确认和协调。方案是否有漏洞？可能需要一定的实验进行验证。这样一来，计划周期可能十分漫长，年度计划到年底都落实不了。

"兵贵胜，不贵久。"庙算尽管重要，但如果旷日持久，那也是不可接受的。任正非说华为公司发展的基本逻辑是"方向要大致正确，组织要充满活力"。对于产业方向和技术方向，华为不可能完全看得准，做到大致准确就很了不起。在方向大致准确的前提下，只要组织充满活力，就能确保战略有效执行，在行进中走向成功。因此，战略不仅仅在于计划工作，也在于计划执行时不断纠偏，两种职能均衡，不是强调计划重要就只做计划。

完成 Charter 阶段的工作只是确立了项目，离实际行动还有不少重要的事情要做。尽管对于 Charter 要求力求全面，但在深度上适可而止。例如在功能设计上列出主要功能即可，预算也是在一定程度上的预估，为支撑项目的立项决策打好基础。立项通过，预算批准，并不意味着马上就可以拨付款项，投入行动，还要继续弄清楚两个问题：做什么和怎么做。

按照 IPD 的要求，在 Charter 立项之后，项目将先后进入概念阶段和计划阶段。概念阶段要把 Charter 中没有细化的设计功能彻底地规划出来，也可能会发现 Charter 中某些不明确或者错误之处，针对这些遗漏或错误可能需要对 Charter 进行修正，称为 CDCP（Concept Decision Check Point，概念决策控制点）报告。它可以看作是升级版的 Charter，是对 Charter 的一次较为全面的修订，因此修订之后要再次提请管理团队进行评审和决策。如果此时发现项目存在问题，例如功能设计或实现路标存在较大障碍，投资回报出现较大调整而不可行，团队协同出现较大分歧，则项目可以取消，原有的预算不再执行，企业为此也及时避免了损失。

如果 CDCP 决策通过，项目继续推进，那么还需要计划阶段履行协调功能。计划阶段也是一轮细化工作，只不过这次侧重于资源安排，保障项目能够在规定的时间内完成。同概念阶段一样，计划阶段也要输出相应的 PDCP（Plan Decision Check Point，计划决策控制点）报告，并再次进行新一轮评审和决策。自然，PDCP 报告又是再一次升级的 Charter，决策的结果可能是通过或者否决，通过则真正地开始开发解决方案，不通过则取消本次计划，收回预算，避免更大的损失。所以说，"三思而后行"这话并非没有道理，古人用的"三"是虚数，意指多思，对应西方这种管理方法里确实存在的三个问题——Why（为什么）、What（做什么）、How（怎么做）。

从 Charter 到 CDCP，再到 PDCP，似乎都在做同样的工作，为何不合并在一起，一步到位？这就体现出西方管理方法的科学性。尽管孙子在两千多年前就提出先胜于庙堂之上的思想，但如何操作并未展开阐述。华为向西方企业学到的 IPD 始于 PRTM 公司 1986 年提出的 PACE 方法，Charter、CDCP 和 PDCP 是其中的三个环节。这三个环节揭示了计划应当具备的三个步骤，即确定为什么、做什么和怎么做。人们通常不在意这三个问题的次序，总是想一股脑儿解决，但 PACE 把这三个问题排了顺序，回答完一个问题后再进入下一个问题，这样看似烦琐，但实际上降低了规划的成本，因为前面一个问题如果是否定的答案，就没有必要投入下一个问题。这也是对兵法的一种发展，领悟其中的"道"将十分有意义。

很多企业学习和实施了 IPD，但效果不明显，原因是把 Charter、CDCP 和 PDCP 看作流程中的打卡点，以为必须从形式上过一下。当明白这三个控制点要回答的问题后，管理者应当实施严格把控，应该通过的通过，不应该通过的卡住，坚决不能让不合格的计划在手中溜过去。如果一个控制点对得分 80 分的计划采取放行态度，两个点就能让 64 分的计划也通过，三个点就能让不及格的计划通过并执行，这样的项目焉有不败之理？华为的成功没有诀窍，就是扎扎实实、勤勤恳恳、规规矩矩地做好每一个动作，成功自然就来了。

IPD 并不是很复杂的思想，与其说是研发管理之法术，不如说是管理之"道"。IBM 和华为沿用 IPD 之道，细化了研发管理各方面的细节，但这些细节并非"道"。很多企业学习华为 IPD 时把注意力放在这些细节上，而忽视道的作用，效果是不可能好的。每个企业都有差别，差别体现在细节上，而"道"是相通的，因此应当用 IPD 之"道"，结合每个企业自己的研发流程，才是打开 IPD 的正确方式。

华为不仅正确实施了 IPD，而且将这个"道"打得更为开阔，用以解决任何领域的业务流程问题，这样就可以一通百通。例如许多人认为华为研发的 IPD 与销售的 LTC 是两个完全不同的业务领域和流程，它们之间也没有共同的专业术语，但仔细看看其实是相同的基本框架，都是在一般的业务流程中加入管理团队在关键决策点的管理。明白这个道理，以后的企业不需要像华为那样花费那么多咨询费，就能取得相同的效果；相反，即使花费比华为多，也取得不了什么好的效果，因为企业没有得"道"。

第九节
管理的至高境界

基于 Charter 为项目立项，并经过概念阶段和计划阶段的补充，达到可以落地的程度，那么项目便可以进入实际的执行阶段，进行开发设计、结果验证、推广使用、运营维护和总结提高。因此，从整个过程看，Charter 阶段只是早期任务，如果按照兵法说，那还有很多战术问题。不过，当代人类知识体系已经相当丰富，企业管理领域也是分门别类，有细致的理论和经验，如精益生产、营销管理、供应链管理等。这里主要从兵法思想的特点出发，结合华为的实践，提出不同于一般管理思想之处。

军事思想除了要打胜仗，另一个很重要的需求就是要降低战争的成本。孙子的"不战而屈人之兵""上兵伐谋""兵贵胜，不贵久"讲的就是这些道理，但如何能够做到还是要想很多办法，其中最重要、最有效的是依靠技术。墨子的军事思想是非攻，反对攻伐掠夺的不义之战。但是别人要攻击你，又将如何？墨子提出救守，用防御的方法抵御来犯之敌。他曾阻止鲁阳文君攻打郑国，说服鲁班止楚攻宋。鲁班当时特地为楚国设计制造了一种云梯，准备攻城之用。墨子为宋国解围，与鲁班现场推演，让鲁班使用不同方法攻城，都被墨子挡住了。鲁班攻城的器械已经使尽，而墨子守城计策还绰绰有余。鲁班是当时最厉害的工程师，但墨子却掌握着当时最先进的科学技术，仅以守城便不可战胜，给后人留下"墨守成规"的典故。

苏联军事史教授 M.M. 基里扬说："军事科学是战争的制胜因素。"现代军事思想更离不开科技这条主线，战争可以停歇，但军事技术的发展从未止步，顶尖军事强国的较量都在于远程精准打击，追求零伤亡，将胜利锁定在信息获取方面，希望用最低的成本获得最大的战争利益。把这个思想用在企业管理上，就是要尽量多地实现自动化，用科技实现最大的效益。如今，许多企业已经不再认为雇佣工人比添置自动化设备划算，劳动密集型的企业越来越多地退出市场，效率成为市场生存的真理。

企业的管理工作会不会也被机器人代替？不是没有可能。人工智能技术正飞速发展，机器学习正使数据的利用价值越来越高，只要建立了大量的数据采集系统，人工智能可以越来越多地应用于经营决策。这里，数据的来源是规范的，当企业建立越来越多的流程点，沉淀的数据也就会越来越多，自动决策绝不是梦想。

华为的流程建设非常契合这种对未来管理模式的向往和追求。企业一般的流程建设的目标就是把流程本身建设到最好，但华为是把流程作为经营管理的标志，用企业经营的状态作为标准。例如在流程界有"流程成熟度"这个概念，一般采用迈克尔·哈默于 2007 年提出的流程和企业成熟度模型（Process and Enterprise Maturity Model，简称 PEMM），将流程的成熟度分为 P0 级（不稳定级）、P1 级（基于部门的专业流程）、P2 级（卓越绩效流程）、P3 级（最优流程）、P4 级（最佳流程），这个方法鼓励企业将流程建设好。华为的流程成熟度模型也是五级，分别为初始级（事件驱动、无流程）、已管理级（流程驱动、事中管理）、已定义级（变革驱动、事前管理）、已量化级（数字化驱动、智能化管控）、可持续优化级（全员驱动、与客户对接）。华为的这五个等级中，三级已经达到 PEMM 模型的五级，四级要实现充分发挥科技力量的理想，甚至还有更长远的第五级，让员工没有内部的羁绊，全心全意投入客户服务。华为内部每年都会做这样的评估，可以说基本都达到三级，部分达到四级，逐渐向五级发展。

　　企业要实现数字化管理的目标，要以自身的流程为基础，不是买来一堆外部软件就行了。所以，数字化的基础是流程，而流程就是一种计划性质的工作。传统的管理学以管理者为研究对象，计划与控制都由人来完成，由于计划与控制此消彼长的关系，并没有对"强计划 + 弱控制"还是"弱计划 + 强控制"做出明确的指导，孰强孰弱往往是根据管理者的个性来决定。很多人抱着"车到山前必有路"的思想，认为做计划是好，但成本也高，做了也赶不上变化，不如少花些精力，凭借丰富的经验在控制上多下功夫，效率往往更高。然而，俄罗斯军事家苏沃洛夫说："一分钟能够决定战斗的胜负，一小时能够决定会战的胜负，一天能够决定帝国的命运。"战争时并不能利用充分的时间现场纠偏，必须利用战前相对富余的时间做充分的准备。孙子在兵法中说："激水之疾，至于漂石者，势也；鸷鸟之疾，至于毁折者，节也。故善战者，其势险，其节短。势如扩弩，节如发机。"湍急的流水能够漂动大石，因为巨大的冲击势能不可阻挡；猛禽搏击雀鸟，可一举置对手于死地，是因为它掌握了最有利于爆发冲击力的时空位置，节奏迅猛。善于作战的指挥者进攻节奏短促有力，如同满弓待发的弩那样气势磅礴。所以"强计划 + 弱控制"乃至"无控制"是战争的最好选择。市场经济中如果杀入这样一家企业，那么必将无往而不胜。

　　如何做到"强计划 + 弱控制"？就是把控制工作的要求提前落实在计划中。例如很多企业把业务报销视为一种控制行为，什么发票可以报销，什么发票不可以报销，多少金额可以报销，多少金额不可以报销，都设计在报销流程中，导致流程冗长，效率低下，管理者和员工都有抱怨。当其他企业还在不断盯着报销流程时，华为却把重点放在前端：加强预算的管理，在科学预算的前提下放松后端的报销管控。具体就是每个部门、每个项目乃至每个人的年度预算先审批确定，只要年度报销不超预算，报销手续从简，不需再报请领导审批，会计人员只需核查单据的合法性，事后配备一定的审查工作。这样效率就可以提高很多，逐渐实现数字化管理，基于大数据支撑的预算管理也可以数字化。

"强计划"必然要求企业将一切工作的重心向计划转移。尽管《孙子兵法》诞生了两千多年，但历次战争中能够做到先胜而后求战者少之又少，证明这种挑战并非大多数人愿意承受。拉满一张大弓需要刻苦训练，多数人会在中途放弃。尽管经历挑战的人不多，但胜利属于他们，世界属于他们。

第四章
打赢一场人民战争

没有执行力，一切都
是空谈！

——任正非

CHAPTER 4

古今中外的所有战争中，有一种是无往而不胜的，这就是"人民战争"。孙子认为战争首先要"经之以五事"，即道、天、地、将、法。此五事中，以"道"为首，"道者，令民与上同意，可与之死，可与之生，而不危也"。只要君主和民众目标相同，意志统一，可以同生共死，就不会惧怕危险。宋、明两朝末期，非国力不济，而是最高统治者不能凝聚各方人心，再有国力也发挥不出来；抗日战争时期，国力虽弱，但能做到全民皆兵，同仇敌忾，就能坚持到胜利的一天。

企业的经营也是如此。无论战略谋划有多么完美，如果每一个岗位上的员工不能正确地执行方案，那么战略也是难以如期实现的。这是企业中比较现实的问题，也是较难解决的问题。让不同的人在思想上相互理解和统一行动，用命令和说教的方法并不十分可靠，信息在人与人之间层层传递时会失真，最后就走样了。可靠性的执行需要一种制度化的管理机制，将战略传递到每一个人。这种传递的难度在于战略制定阶段与执行阶段参与者的组织架构截然不同，战略制定可以由一个小组进行，战略执行就涉及所有人，需要一套动员、贯彻和保障机制。华为在几十年的实践中，已经形成一套有效的运作模式，已在各项业务和变革中得到验证。

第一节
养兵不养丁

　　俗话说，养兵千日，用兵一时。军队平时就要勤学苦练，积蓄力量，在战争来临之时发挥作用。但如果一支军队长期只维持练兵状态，没有真枪实弹地上几次战场，谁能保证战争来临时能够握有胜券呢？美国军官的晋级提升特别注重实战经历，前线将士的晋升要比后勤人员快得多，这能够激励官兵们奋勇争先，保持军队的血性。

　　美军的这种做法从维护一支军队的战斗力角度讲有一定的道理，但军事首先要站在道义的一边，久不经战事的洗礼也可能使军备力量松懈，兵家思想很难成为和平时期的主流，这是兵家发展的难题。然而在企业经营问题上，兵家思想则可以长期存在，因为企业的"领地"可以在创新中不断开拓。兵法思想应在商业领域有得天独厚的优势，可以使"用兵"成为常态，只要企业还存在，就可以持续地拼搏下去。可是很多企业最后办成了衙门，他们的兵不是"兵"，而是"丁"。

　　军队中的兵并不都是一样的，例如我们看到影视剧中清朝士兵的军服上有"兵""勇""丁""卒"等不同的字，这代表不同的岗位。"兵"是清朝的正规军，平时出战、上战场就是这些人；"勇"相当于后备役，清末时正规军已经失去战斗力，曾国藩、李鸿章招募的就是乡勇，可以顶替正规军；"卒"是狱卒，即监狱管理人员；"丁"代表后勤管理人员。"兵""勇"要在战场厮杀，所以回报就高，早期的八旗子弟和曾国藩、李鸿章的乡勇能在战斗中获得战利品，所以骁勇善战，而

"丁""卒"的工作相对悠闲，没有战场压力，所以换得的是饿不死、吃不饱的死工资。当企业分配给员工的都是固定的工资和奖金时，其实养的不是兵、勇，而是丁、卒。所谓养兵，就是要不吝惜给予战利，他们才能打出一个又一个胜仗。华为认识到这一点，所以才会有"一企两制"，区分普通劳动者和华为奋斗者，让华为奋斗者分享企业的红利，成为真正的勇士。

那么，怎样才算是勇士？勇士上战场，要立下军令状。华为奋斗者也有军令状，即 PBC（Personal Business Commitment，个人绩效承诺）。PBC 是华为对员工绩效考核的一种方式，明确考核期内该员工参与项目的内容和考核等级的标准。很多企业也用 PBC 进行业绩考核（见表 4-1），但往往侧重于岗位 KPI，也就是把员工看作"丁"，注重他们在本岗位的贡献。但事实上，已明确的工作做得再好，对企业的开疆拓土又有何贡献呢？即使是一个后勤岗位员工，发现一个更有效率的工作方法要比按部就班有意义得多，是在本岗位上的创新。所以，华为的 PBC 更注重员工参与项目的多少和取得的业绩期望，即 KPA（Key Performance Affair，关键绩效事件）（见表 4-2）。完成本职岗位 KPI 要求只能算基本合格，没有在项目中的战绩就算不上"兵"。

表 4-1　××公司个人 PBC（节选）

岗位三年目标规划					
绩效领域	考核指标	定义	2008年	2009年	2010年
用户	按约上门率	按照用户与电话中心约定时间上门守约的比率 计算公式：月累计已按约定时间上门信息量／月累计抽查信息量	>85%	>86%	>87%

续表

岗位三年目标规划					
绩效领域	考核指标	定义	2008年	2009年	2010年
	一次到位率	首次上门问题一次处理到位的比率 计算公式：月累计上门一次服务到位信息量／月累计抽查信息量	>80%	>82%	>83%
	用户抱怨降低	依据服务问题跳闸标准，CC当月跳闸为"用户不满意信息"量占当月总信息量的比率。 计算公式：当月用户不满意信息量／当月总信息量	<1.5%	<1.5%	<1.3%
	超三天遗留信息降低	按约三日内服务完成的比率	<20%	<18%	<17%
	顾客满意度指数（CSI）	由第三方依据用户满意度测评办法和标准，进行专项调研而测评出的用户满意度指数	>90	>90	>90
客户	售前支持满意度	电话中心对各工贸售前人员（包括经销商和售前人员）进行回访，而测评出的满意度	>90	>90	>90
内部运营	长途费用降低	15千米长途费用占比整个服务费用比率的降低	<1.8%	<1.6%	<1.5%
	返品降低	返品率占整个销售比率的降低	3%	<2.8%	<2.5%

表4-2　华为公司××员工的PBC（节选）

结果目标承诺	季度目标承诺	明确任职资格与职位、绩效的关系（包括资格认证结果的应用），任职资格体系宣传100%
		无资格认证结果、定岗定级结果与原资格认证结果不匹配员工（三级管理者、专业技术人员）的资格认证完成90%（市场部除外）
		干部任职资格考试完成90%（市场部除外）
		参与IPD-HR项目工作推进，制度签发、宣传工作
		监控各资源池建设（培训）工作推进
		跟踪并推动各资源池完成PDT人员选拔工作
	服务承诺	根据部门组织结构变动及时进行职位评估，三个工作日内反馈评估结果
		PDT人员选拔计划及时完成率：95%
	改进承诺	清理任职资格管理制度，修订、整理成册
		分析资源池实际运作中发现的问题，优化资源池运作机制
执行措施承诺		编写任职资格体系宣传材料
		编写任职资格培训教材
		与任职资格部成员一起清理无资格结果及定岗定级与原资格结果不匹配人员名单，按各种情况分析，对各部门组织认证与复核提供指导
		通过走访各部门（干部部成员及其他成员），及时掌握各部门资格工作进展情况，发现资格管理存在的问题
		通过任职资格体系例会，传达公司有关精神，统一思想；安排工作，了解工作进展
		定期组织任职资格专题研讨，针对有关问题提供解决思路，形成FAQ（常见问题解答）
		走访各资源池，发出问题，组织讨论，形成FAQ
团队承诺		与考核薪酬处共同探讨公司评价体系内部关系
		对各干部部确定资格认证操作办法给予指导
		与总监办一起拟定人力资源管理考试试题及宣传材料；协助培训中心开展培训及考试组织工作

对照表 4-1 和表 4-2 可以看出，一般企业的 PBC 基本以 KPI 为主，而华为员工的 PBC 以 KPA 为主，KPI 部分（含服务承诺）比重相对较小。表面上看，华为这种管理方式的尺度似乎不好把握，但每个人承诺的工作远不止一项，鼓励员工多参与项目性工作，工作量是否饱满一目了然，且以结果为导向进行考核更加能激发员工的能动性。需要说明的是，用 PBC 进行考核并非不要 KPI。从部门到个人自上而下分解 PBC，越是高层越需要 KPI，而到了个人和基层，就可以分两种情况，对于例行化的工作可以用 KPI 考核，主要针对普通劳动者，而对战略项目执行，由于还处在从 0 到 1 的探索阶段，还不能总结出 KPI 的需求，要以结果为导向，看执行的结果是否符合战略目标的期望。至于如何达成，需要员工自觉发挥聪明才智，这是对华为奋斗者的要求。

这里引出另一个重要的问题，即 PBC 与战略的关系。PBC 首先应当是承接战略的工具，其次的意义才是围绕战略目标的考核。IBM 创立 PBC 是基于战略制定后保障战略落地的工具，直接的表现是绩效管理，所以由人力资源管理承接。很多企业注意到这个现象，但脱离了战略这个本质，既让 PBC 不能落实到创新项目上，使考核点瞄准了既往的 KPI，又使企业"丁"多而"兵"少，无法支撑企业战略的落地执行，战略与落地之间形成恶性循环。华为的 PBC 运用将战略与考核有机地联系起来，对于华为奋斗者 PBC 的要求是投入实际的项目中，也为华为的各种业务和变革项目提供了诸多的机会，使得员工有仗可打，久而久之个个都是会打仗的兵。

这样的企业文化和氛围使企业有了"人民战争"的基础，每一个被规划的项目就容易开发、推广和运营。实际上，一个项目在谋划阶段（Charter 立项、概念决策 CDCP、计划决策 PDCP）属于在一个可控的项目内进行，但进入实施阶段（即开发、推行和运营阶段），涉及的人员就是方方面面、不可胜数的，不可能用无限扩大项目组的方式进行后续的工作，而是要以每个相关岗位的员工立军令状的方式（即签署PBC）来承接。员工在 PBC 中注明考核期内涉及的项目、自己应尽的职责、达标等级和要求。即使这位员工不是某个项目组成员，但只要这个项目与他的岗位有关，他就有义务投入"战斗"。

举例说，制定 LTC 这个流程时公司成立了项目组，经过 Charter，CDCP，PDCP 后，进入开发、推行、运营等阶段，这就涉及方方面面更多人的参与。配套 IT 系统开发的人员、新流程的培训人员、上线保障人员、销售员、交付支持人员等都需要了解 LTC，都是 LTC 的参与者。他们虽然不是 LTC 项目的直接成员，但只要在 PBC 中承诺了相关任务的执行标准，就成为 LTC 的一员。例如，从事供应链信息系统的IT 开发维护人员根据 LTC 相关要求，需要对本系统进行改进，于是他的 PBC 中就有一条"修改相关系统功能，支撑 LTC 项目上线运作"的工作承诺；又如销售人员的 PBC 中必然有这样一条"学习掌握 LTC 流程新规则，上线后严格执行"的工作承诺。由此，通过 PBC，将无数岗位与 LTC 变革连接起来，于是 LTC 就成了真正的"人民战争"。

同样，一个新产品项目在前期规划完成后，如果是简单的按章执行，完全可以交给普通劳动者，甚至很多代码开发、生产、服务都可以外包，而华为的奋斗者用更高的 PBC 标准给予承诺，例如，开发人员除了正常完成开发任务外，能够通过本项目提炼出有价值的专利；销售人员除了基本的销售手段外，能从本产品的特点出发实现具有挑战性的销售业绩。这样，一个新产品的营销就不是一个小团队的应变，而是可以从小规模发展到惊天动地的集团应战。

因此，当我们感慨华为的强大执行力时，也应当看到华为的企业文化基础。这种企业文化不是停留在意识、口号和行动上，而是有一套制度保障。没有英勇士兵组成的队伍，再好的谋划也难以变成现实。

第二节
令有所不受

拿破仑说，没有一场战争是按照计划打的，也没有一场战争是在没有计划的情况下获胜的。这说明战争的规律是要有计划，也要随机应变，所以善于打仗的队伍总让人琢磨不透。孙子曰："凡用兵之法，将受命于君，合军聚众，圮地无舍，衢地交合，绝地无留，围地则谋，死地则战。途有所不由，军有所不击，城有所不攻，地有所不争，君命有所不受。"就是说，将帅接受国君的命令统率军队，仍然要因地制宜，君主的某些命令可以不接受。

任正非在华为的内部会议上多次提出要学习满广志和向坤山，他说："三级团队正在学习的'满广志、向坤山都是我们时代的英雄'，不是导向保守主义，而是让一些真正的英雄的血性偾张，脚踏实地，英勇奋斗，理论联系实际，让这些人英勇地走上领导岗位。遍地英雄下夕烟，应在100多个代表处形成一种正气。形不成正气的主管要考虑他的去留。"满广志和向坤山是何许人？满广志是中国陆军第一蓝军旅旅长，所谓蓝军是扮演假想敌的部队，就在这样一个"活靶子"式的岗位上，满广志不按常理出牌，在演习中十战十捷，被中央军委领导称赞为"领军人才"。与满广志不同，向坤山不仅没有得到表彰，反而被记过，原因是他当年在对越老山之战中率部提前两小时执行穿插任务。向坤山将不可能完成的任务变为可能，也增加了暴露作战意图的风险，他不是不知道违反作战部署将面临的军事处罚，但为了打胜这一仗，他愿意承担这个责任。果然，战斗任务如期完成，但军区调查组带着手铐下来审查，最后的结论是向坤山并没有主观故意违抗作战命令，而是由于客观条件限制，所部不能完成既定任务，才主动采取了应变措施，其行为不构成"违抗作战命令罪"。但向坤山在有条件向上级汇报的情况下，擅自做主，给予撤职并党内严重警告处分。向坤山可能自己都没想到，被人淡忘的他多年后却被任正非列为与满广志同样的英雄，成为华为的学习对象。任正非说，要学习向坤山敢于担当的勇气，只要为了胜利而前进，都是应当得到鼓励的，这样的指挥员才能打胜仗。

计划与执行的冲突会长期存在，如何解决是一个重要的问题。很多企业都存在自上而下的行政管理体制，每个人的业绩取决于对上服从的程度，这样就没有向坤山式的为了胜利勇于担当的人，计划有错也执行，执行了也不顾结果，这样的企业是没有生机的。华为的计划、流程、制度推行讲究适配，就是要因地制宜地做微调。特别需求经过评估认可，可以批准同时调整作战计划，为各种突发状态制定预备方案。

无论怎样的精打细算，由于参与者的局限，任何一个方案仍然可能存在不周全之处。例如华为进行 IFS 变革，就经历过一次曲折。IFS 变革之前，华为已经经历过多次公司级变革，可谓驾轻就熟，所以前期一直比较顺利。最后才应对体量最大的中国区。当推行组入驻中国区后，发现国内有一种预销售模式较为独特，与已有解决方案不同，这种模式在中国区比重还较大，不可忽略。这样，既有方案在中国区推行不下去，回过头又对方案做了重大调整，使整个 IFS 的收官比计划推迟了相当长一段时间。IFS 项目组核心成员都是一线回来的经验丰富的业务人员，但没有吸纳中国区的成员，导致项目组使出浑身解数，考虑到的只是全球通用场景，缺少了中国区场景。所以，无论项目方案如何完美，不经过实践，不考虑落地的每个细节，都不能算是成功的方案。

为使计划的方案能够符合实际，进行试点很重要，无论是 IPD 还是后来的 PMOP，均将试点作为重要的控制方案。试点的优势首先是通过局部实验验证方案的合理性和可行性，并初步测试效果，获得反馈意见和建议，完善方案；其次，可以为方案的实施探路，梳理出一套落地执行的管理办法，方便大面积推广时快速复制；再次，试点也可以培养一批"种子"，让他们率先接触到新方案，并在未来全面推广中起到传帮带的作用。

确保方案能够落地的另一个方面是要进行适配。所谓适配就是要结合不同地区、不同部门的需求，在一定程度上制定不一样的方案和程序，可以使方案、流程或政策具有弹性，不是千篇一律的死规定，易于被执行者接受。方案的适配可以授权基层执行，在不违反方案管理底线的情况下自我完善细节。

由此可以看出，用兵法管理企业是要允许"君令有所不受"的。很多企业负责人觉得这种方式会助长自由主义思想，导致难以掌控，还是要以"服从命令听指挥"贯彻战略目标和任务。这种做法在企业经营中未尝不可，如果出现一次战略错误，可以重来多次。但是战场不会给人第二次生命，所以以兵法标准经营企业需要一次性成功，基层也要发挥主动性，调整计划部署的不足之处。这对项目和管理者不是放任，因为制定的方案必须考虑到可以适配的范围。"君令有所不受"的关键不在于受与不受，而落在"有所"二字。

第三节
行兵如水

如何把握"有所"不受？这似乎是一个没有原则的视角，把握得松或紧各有道理。回答这个问题，我们要先看一看兵法管理的终极目标是什么。实际上，孙子追求战争的最高境界是"善战者，求之于势，不责于人，故能择人而任势"。优秀的将帅追求战胜敌人的时机，而不依赖于人的能力，因而能去除人为因素并抓住时机。什么是"势"？孙子曰："激水之疾，至于漂石者，势也。"湍急的流水之所以能漂动大石，是因为它有巨大冲击力的势能，而"兵形象水，水之形，避高而趋下"的势，又有谁能抵挡得住？所以理想的战争状态是一瞬之间完成的，不存在人为干预的时间，命令一旦发出即如离弦之箭，又何谈君令受与不受呢？需要说明的是，上句"能择人而任势"有两种理解：一种是"选择"人才去适应势，另一种是"去除"人为而放任势，两种意思截然相反，按照当时吴国方言及孙子的总体军事思想，后一种解释更为正确。

与孙子异曲同工的是，任正非也对华为的管理表达了相似的思想。任正非在 2017 年新年演讲时提到华为最伟大的一点是建立了无生命的管理体系，"以规则、制度的确定性来应对不确定性。我们花了二十多年时间，终于半明白了西方管理"。西方的战争理念从古代的方阵对决到现代的远距离精准打击，都很少提倡将帅一马当先式的现场指挥，这种思想也影响到企业和社会，比较讲究规则和契约。而中国长期以来儒、道、法思想占据主流，从军队到企业以行政管理为主要核心，所以孙子的兵法思想影响力反而变小。在现代国际环境下竞争，确实需要知己知彼，取长补短。华为先后花费 40 亿元向西方企业取经，得到的就是孙子那种兵家思想在企业领域的实践经验。

既然兵法的最高境界是摆脱人为干预完成任务，那么为什么还要进行方案适配、适度授权呢？因为这种高度自动化的执行方式需要有一个过程，不可能一蹴而就，先要在人工和半自动化的过程中积累经验，最后确定完全自动化的方案。现在，很多工厂已经实现大面积的机器人作业，就是把任务执行变成从高向低顺势而为的过程，但企业管理涉及很多决策，在现有条件下还不具备自动化决策的条件。随着人工智能技术的飞速发展，在人们积累足够多的决策规则和数据后，机器决策很可能提供最优方案，就像任正非所说的"无生命"的企业组织更生动和现实地展现在我们面前。

所以，我们应当正确认识"控制"这个问题，理解"控制"是为了实现"不控制"这个辩证的目标，这样就不会认为控制岗位的工作是拿着鞭子管人的，而是可以站在更高的高度、有更多的时间思考下一个挑战。这诚然会增加人生的压力，驱使人们不断学习，但从军事思想上讲，必须始终保持高度戒备，持续提高势能，才能保家卫国。盛世王朝一旦思想懈怠，结果只有覆灭。

消灭控制点首先需要识别控制点，还应在不同的控制点中识别出轻重主次，以便有效地管理好控制点，逐渐解决效率问题，直至可以自动化地取而代之，因此具体步骤是：

第一，识别控制点。管理上的控制点是相对于计划而言的，无计划就没有控制的目标。不能在检查工作时突发奇想，说这也不对，那也不对，要在发现问题后亡羊补牢，避免下一次犯同样的错误。华为在执行内控工作时针对发现的问题首先要看一看有没有流程和制度，如果没有则在下一个考核周期建立起流程和制度。第一次可以原谅，若第二次仍然没有建立流程和制度，则不可原谅，需要在考核中扣分。可以看出，控制是与计划工作相对应的，这里的计划工作包括战略、项目计划、流程、制度的制定等，必然产生相对应的控制要求，战略对应的是战略控制点，项目计划对应的是工作评审点、检查点、决策点以及 KPI，流程制度也是如此。甚至，控制点也可以存在于个人的工作中，并非一定要群体交流的场景才算控制点。有些优秀的员工会对自己的工作进行有条理的安排，可以做自我控制，这样做的好处可能是使员工率先将自己的工作实现自动化，实现更高的自我价值。

第二，选择关键控制点。所谓关键控制点（Key Control Point，简称KCP）就是指在所有控制点中能够起到"一夫当关、万夫莫开"作用的几个重要控制点。例如签署合同前的审查极为重要，一旦落笔签字盖章，就不能反悔，这样的控制点就是关键控制点。通常涉及对外承诺的控制点都较为重要，如投标、采购、对外用章等。此外，涉及内部资源调配、影响重大业务安排的控制点也可以是关键控制点，如项目立项、推行准备、制度发布等。因此，责任人应当与管理者职责相对应，授权不授责。关键控制点必须有过程记录，便于事后追溯，否则形同虚设，起不到控制的作用。

第三，以关键控制点为目标，逐步解决执行效率问题。提升效率的方法在四个方面：一是要解决过程自动化，利用信息系统对规则的信息进行自动化处理，包括利用信息系统间接控制的工作，如机器人作业、办公自动化等。二是要对不同系统的数据完成汇总、加工、归类、存储等工作，构造数据中心，在统计工具的帮助下实现辅助决策，充分利用数据进行全业务正向和反向的控制。三是随着人工智能的成熟和应用，人们可以借助计算机系统发现新规则，进一步提高自动化能力。自动化的推进可以从非关键控制点开始，这相对容易一些，但应当注意投入和产出的效益，不应当为提高某个控制点的效率而投入与之不符的资源，应当以解决关键控制点为导向进行整体性的规划，分步骤实施。四是要定期审视关键控制点的变化。随着业务的发展和流程的改进，已经完善的关键控制点可以撤除，把工作重心转向下一个关键控制点。只要坚持做下去，就能使业务工作像高山流水般自如。

第四节
狼狈为"监"

企业的监督工作必将长期存在，即便实现了某个环节的监督自动化，下一个环节也要监督，因为业务总是在创新，人类必须创造规则，这是机器和人工智能无法替代的。如果没有监督，企业制定的规则（流程、制度等）不一定会被遵守，企业将充斥着我行我素的人，那么谈何执行力呢？因此企业的执行力一半来自监督措施，那种指望靠自觉性的想法是天方夜谭，即便是非刻意的违规，只要得不到纠正，错误就会像病毒一样扩散。

可以制定专门的制度，设置专门的监督部门或岗位，开展专项的工作。例如设置监察部门、审计部门、质量保证岗位，定期或不定期地检查或抽查。企业应当鼓励自查，把问题消灭在源头，但自己监督自己会存在一些主观或客观的因素而不彻底，例如对自己完成的一项工作输出（作品、设计、文案等）十分满意，但这是自己的视角，谁都不能站在另一个人的视角去看，于是工作输出流向下一个环节时，下一个岗位上的人就成为监督者，必须符合下一个岗位的输入要求才能进入下一个环节的工作。所以，监督时时刻刻发生在企业的业务运作中。

人们通常会觉得监督与被监督是对立关系，例如西方政体提倡三权分立，将立法、行政和司法三种国家权力分别由不同机关掌握，各自独立又相互制约。但西方国家的政治实践中，三权分立几乎从未真正实现过，因为三权分立会极大地影响行政效率，最终的决策机制使三权聚焦于一个目标。这种解决监督与被监督的行政干预体制在战场上也是行不通的，因为最高统帅不可能亲临每一个连队，战场的实际情况也不允许现场裁决正误，唯一的方法就是让监督与被监督者自我协调。

电视剧《亮剑》里的李云龙在与政委赵刚搭档之前，与很多别的政委"尿不到一个壶"，宁愿团长政委一起干，就是因为不愿意接受政委的监督，以防成为他指挥作战的掣肘。但是赵刚为什么能够和李云龙结成生死之交？因为赵刚在监督的同时也在灵活把握着分寸，不是动辄上纲上线，而是向李云龙学习军事，在战斗目标上与李云龙保持一致。为了胜利这个大目标，两个不同性格、有不同任务的搭档愿意通力合作带领出一支最能打仗的队伍。任正非说："我们的干部选拔要以李云龙、赵刚为标杆。各级主管均要从主战部队中的主战人员中选拔有战功、有持续贡献能力、有自我约束本事的。直至以后的轮值董事长、接班人，均从主战人员中成长。"

为什么任正非要从与作战部队一样的一线选拔干部？因为可以避免一家企业的管理层沦为衙门式的机构。现在很少有企业效仿军队建制去建立组织机构，而是像政府机构一样管理企业，这样就把本来应该在市场经济中以客户为中心的队伍变成了唯上是从的以领导为中心的队伍，内耗随着管理机构的扩大而加速，最终发展成大企业病。邓小平说过："臃肿的机构如果不'消肿'，不要说指挥作战，就是疏散也不容易。"因此大企业病导致很多企业衰亡。

太平天国运动兴起后，清朝正规军无法抵御，不得不利用地方武装。于是，曾国藩组建了一支湘军。作为文人的曾国藩并无带兵经验，也没有身经百战的将士，他的建军标准是："呼吸相顾，痛痒相关，赴火同行，蹈汤同往，胜则举杯酒以让功，败则出死力以相救。"所以湘军以同乡亲族为纽带，官兵之间血脉相连，这种一衣带水的关系让所有将士拼力厮杀。华为并非湘军，没有血缘凝聚战斗力，但任正非也实行了类似的用兵原则。在1994年的一次祝酒词中，他说道："商场如战场，却比战场更加持久、残酷与艰苦。"一个项目成功了，是所有人的贡献，因此要分享胜利的果实，而失败了是每一个人的失败，因此一方有难，八方支援，这才是拼死相救。可见，华为把每个人的工作重点都放在项目上，而不是固定岗位只对上级负责，这是华为能够培养出无数个李云龙和赵刚这样的人物的关键因素。

华为内部有一种狼狈文化，可以形象地说明不同岗位的互补、互助关系。任正非在华为市场部的一次讲话中提出："我们提出'狼狈组织计划'……是从狼与狈的生理行为归纳出来的。狼有敏锐的嗅觉，团队合作的精神，以及不屈不挠的坚持。而狈非常聪明，因为个子小，前腿短，在进攻时不能独立作战，因而它跳跃时是抱紧狼的后部，一起跳跃。就像舵一样操控狼的进攻方向。"所以狈是监督者，它监督的方向是瞄准猎物，与狼形成共同战斗的关系。学习华为不能光学"狼性文化"，没有狼狈的合作精神，就会成为脱缰的无头之兽，很容易落入问题的陷阱。

狼狈为"监"是一种企业文化，除了思想意识之外，也要有具体的措施。华为的监督工作是自上而下全面覆盖，公司治理层有审计委员会和监事会，对监督工作进行总体的协调和管理；在部门层面有监察、内控、质量运营等职能部门，进行定期或不定期的检查；在业务流程层面，有对流程关键控制点的体系或抽样的检查；在员工层面有道德遵从委员会这种非正式的、自下而上的民主产生的群众组织，推动员工道德、企业文化、自我批判等精神文明建设。这些从点到线、从面到场的立体防火墙为华为公司建立了一套安全的保障系统，也是华为战车的刹车系统。所谓执行力并非一个劲儿地猛踩油门，而是踩着有序的节奏朝着目标稳步前进。

第五节
星火燎原

兵法思想虽然讲究构建强大的势场，期望达到不战而屈人之兵的至高境界，但真正投入战斗时，并非要像开闸泄洪一样将实力喷薄而发。发挥势能必须击中目标，否则就是浪费。著名的淝水之战可谓历史上以弱胜强的典型战例，苻坚率 80 万之众对阵东晋的 8 万军队，大有"投鞭断流"之势。然而 80 万大军并非一声号令就能做到上传下达，而东晋以逸待劳，不等对手完成集结就主动进攻，此时前秦的兵势完全没有发挥的空间，傲慢轻敌的苻坚最终落得风声鹤唳、草木皆兵的下场。

互联网的发展缩短了人与人之间连接的通道，也为很多企业的"造势"提供了很大的方便，眼球经济、流量为王的模式造就了很多的明星企业。但是，得势的互联网企业是不是真正的现金王者呢？很多企业依靠一轮又一轮的外部资金输血，也有很多企业与传统的线下业务结合运作，因此仅仅能造势的企业并不一定能笑到最后，必须脚踏实地地在实体经济中落地。2015 年，美团与大众点评的合并被认为是资本方为避免两家公司的血拼而主导的，也有传言是美团并购了大众点评。从并购前的用户数据来看，消费者似乎更偏好大众点评，因为这家公司以消费信息服务起家，公正、全面、亲民的形象深入人心，而美团起步于团购风潮，随着交易信息的积累也能实现一定的点评功能。两家公司贴身肉搏，都依赖于资本输血，美团因线下业务收入占上风，所以合并中占有优势是不无道理的。如果美团与大众点评的合并不能清晰地说明线下业务更具优势的话，美团的另一场战役就更能得到体现，这就是美团几乎在一夜间反超饿了么。饿了么是网络外卖的鼻祖，诞生后迅速成为家喻户晓的宠儿，2013 年美团起步时并不急于上线，而是先悄悄地做好线下布局，一旦上线，人们发现美团的效率一下子高出饿了么一大截，很快就取得主导地位。

在互联网企业中，美团是一支劲旅。从团购到点评，从外卖到共享单车，虽然很多领域不是美团最先涉足，但它总是能后来居上，靠的是一种独门绝技——地推。地推是地面推广人员的简称，是最传统的、最初级的推销模式，与时尚的互联网造势引流的营销模式完全不同。然而，正是没有创造力的、坚持传统营销的美团，在走向胜利的道路上脚踏实地。地推是个辛苦活，比起互联网上一呼百应，地推的每一个脚步都是微不足道的小胜。然而，军事思想告诉我们，赢得胜利的原则是积小胜为大胜。

孙子在《孙子兵法·虚实篇》中指出："兵之形，避实而击虚。"许多成功的将领也因此主张在战略上藐视敌人，在战术上重视敌人。再高的水冲击下来，如果冲击的是石头最坚硬的部分，那也是冲不垮的，但如果冲击石头的根基部分，连续地冲击，把根基冲得松动了，石头就能被冲走。大张旗鼓地推行一项工作，往往是以虚击实，因为仓促中识别困难。所以战略或计划的推行和实施需要细致地工作，分析问题的各种组成因素，找到根基部位，这就击中了问题"虚"的部分。解决这些虚的问题看似是小胜，但确实是能取得根本胜利的关键。

就华为的历次变革而言，绝非一声号召或者一声令下就能够实现的，其中包含了很多细致的工作。首先是要解决一线主管和员工的思想问题。从心理学角度讲，人一般都有一种"习惯性否定他人的心理"，因为每个人都有个体意识，为了证明自己是对的，往往会先去否定别人，这样才会有自我的存在感。因为计划不是他制订的，那么他就成为计划的挑剔者，这种心理现象是普遍存在的。但心理学还有个"乐队花车效应"。当人们簇拥着路过的乐队花车时，每个人又希望成为欢欣鼓舞的一员，这就是人们的从众心理。因此，一项变革、战略、政策、流程的推行，需要把员工的"习惯性否定"转变为追求"乐队花车"，这就需要开展大量的宣传工作，让困难的、可能被抵触的新业务变成愿意追求的时尚潮流。华为在这方面做的工作有：（1）项目价值宣传，如在执行部门的办公场地张贴即将推行的项目的海报，宣传项目对公司、集体和个人有何利益。（2）价值目标和工作任务的沟通和确认，让相关人员明确执行的任务要求、具体需要达到的指标等。当然，先要和基层领导沟通。（3）价值指标监控与评估，项目开展后用数据证明推行的意义。虽然项目已经开始，如果不让员工看到希望，他们仍然会回退到原来的状态，因此巩固性措施不可缺失。

其次是要细致地做好推行方案。这些工作包括：（1）对执行部门或团队进行实地的业务调研，相当于认清战场的实际状态，即实际的业务场景。通过各种分析，将人员岗位与计划相匹配，例如有的工作可以交给秘书岗位的人去做，但有的部门没有秘书，因此就要另择他人代替或兼顾这个岗位。（2）也可以在不影响整体方案的情况下做细微调整和适配，弥补方案的不适应性，使方案更完善，规则可推进。（3）如果方案对基层执行部门的组织架构有影响，必须提前准备好调整组织。例如华为按照新流程的要求在推行销售业务的LTC流程时，需要多方组织的销售管理团队，基层各部门（客户关系、解决方案、服务交付等）的职责也要做一些调整。（4）要做好方案开始执行的准备。执行前的准备包括数据、操作指导是否落实，执行后包括意外情况的风险预案、状态监控等。开始执行阶段是最容易忙中出错的，做好这些准备就可以确保方案有条不紊地顺利进行。

再次是注意推行工作的方法。这相当于运用有效的方法传递任务要求，帮助建立执行机制。新方案难免会让基层感到生疏，因此制定方应当保障有足够的支持力量进行技术辅导和解决现场问题。华为的"教导队"也练就了一套方法，例如根据评估的情况采取不同的策略，培育种子团队，先点上星星之火，以备推行时形成燎原之势。

第六节
连队里的战术

　　兵法除了讲战略，战术也很重要，所以《孙子兵法》也讲战术，例如《孙子兵法》的"军形篇""兵势篇""虚实篇"是讲述作战指挥的，"军争篇""九变篇""行军篇"是讲述战场机变的，"地形篇""九地篇"是讲述军事地理的，"火攻篇""用间篇"是讲述特殊战法的。此外，很多兵书也谈到许许多多的战术战法，例如《三十六计》。但是，为什么那么多熟读兵书的将帅仍然不能取得全胜呢？其实，战略问题可以有通用的规则，但战术是没有的，兵书中的各种计谋战法都是枚举，不可能全面覆盖现实情况。所以孙子说："凡战者，以正合，以奇胜。故善出奇者，无穷如天地，不竭如江海。"就是说大凡作战，都是以正兵作正面交战，而用奇兵去出奇制胜的。战法的变化就像天地运行一样无穷无尽，像江海一样永不枯竭。因此，真正的战术不在兵书当中，企业的经营之术也不只留在表面。

　　那么经营之术在哪里？战术来源于实战，是打赢每一次战争的思想火花，是历史经验上的创新，即所谓"以正合，以奇胜"。在孙子所处的春秋时代，战争的规模不能与现代相比，统帅可能就是战术的制定者，但之后战争的规模已经相当庞大和复杂，战术不仅仅是统帅的思考，更多来自基层连队。例如戚继光抗击战斗力颇强的倭寇时发明了很多战法，巧妙地瓦解了敌人的锐气，用鸳鸯阵这种以十二人为一个作战基本单位的阵形，分别由掌握长牌、藤牌、狼筅、长枪、长短兵器的士兵互助结合，可随地形和战斗需要而不断变化队形。林彪的部队能打胜仗，在于积累了很多战法，例如一点两面三三制，即进攻时只攻一点，包围两面（不是四面合围，防止逼敌作困兽之斗），用"添油战术""头尖尾巴长"的三三制瓦解敌人。美军的特种部队分为多个作战小组，每个小组三个人，一名战斗专家，一名信息专家和一名火力专家，形成一个固定搭配的"铁三角"。战斗专家负责警戒，保护小组成员的安全；信息专家快速确定敌人的数量、位置和装备；火力专家根据信息专家的反馈配置最合适的火力，按照规定直接向后方下达作战命令。美军战斗机、导弹等火力会覆盖目标区域，瞬间消灭敌人。

效仿美军的铁三角，华为也有自己的铁三角，即由客户经理、产品经理和交付经理三人构成的小组对客户进行服务。在了解清楚客户的需求后制定初步的解决方案，然后传递给后方的大平台，启动整个公司资源响应客户。任正非说："我们系统部的铁三角，其目的就是发现机会，咬住机会，将作战规划前移，呼唤与组织力量，实现目标。系统部里的三角关系并不是一个三权分立的制约体系，而是紧紧抱在一起生死与共、聚焦客户需求的共同作战单元。"除了铁三角，华为还运用很多基层连队的战术，例如营销方面的五环十四招（相互关联的市场计划、销售、产品解决方案、营销和定价，以及这些环节里的十四个关键活动），战略和产品研发方面的五看三定（看行业、看市场、看竞争、看自己、看机会，以及定控制点、定目标和定策略），人力资源管理方面的干部九条、四力与四象限和三鼓励、三优先（论述干部选拔和培育的原则和方法），面向财经方面的四看（横着看、竖着看、倒着看、翻过来看）和四化（财务理论大众化、财务语言通俗化、财务制度统一化、财务输出模板化）。当然，华为还有很多不知名、非主流的战术，不断推陈出新，这是华为强大战斗力的重要组成部分。

诚然，一项战略、政策、制度的推行需要自上而下，但自上而下解决不了所有问题，很多基层琐碎的事都由高层来处理和协调是得不偿失的，因此企业应当有一套与之互补的自下而上的问题解决机制，不重要的问题不上交，依靠基层的力量自行解决。如果员工遇到一点问题就需要上级来协调，这是企业僵化的前兆，也是当下很多企业的写照。

华为的发展是以自上而下的变革为主基调，但同时也十分注重基层能力的提升，持续推行改进工作。持续改进是企业增强能力的循环活动，指不断努力改进产品、服务或流程的持续性工作。相对于流程变革，持续改进有这样一些特点：（1）明确持续改进是自下而上的改进，即由基层部门和员工主动发起，自我组织资源完成改进。基层员工是问题改进的责任人，承担实施和协调工作，管理层应当给予支持，因为他们解决的问题也是整个企业存在问题的一部分，是为整个企业做贡献。自下而上的改进可以让员工拥有主人翁意识，发挥每个人的能动性和价值。（2）持续改进是由基层主导并执行的。员工是问题最直接的接触者，对问题有切身体验，并且容易找到问题的病因，对症下药。（3）持续改进是企业常态的工作，与变革不同，是平和的演进。变革追求的是快速实施，因此只能是阶段性的，不可长期持续。（4）持续改进是小幅度、小投资、积少成多式的改进，因此基层每一次改进所投入的资源、精力都不需要太多，渐渐地将小改进变为大改进。作为一般基层员工，从本职工作出发进行改进是切合实际的，如果是大而全的改进，反而是不切实际的。任正非说："我们要坚持'小改进，大奖励'，这是我们长期坚持不懈的改良方针。"（5）持续改进是维护型的改进，立足增量型优化。存量的制度可能有不合理或者过时之处，但也有历史形成原因和存在依据，在没有彻底了解成因和影响时不应当轻易改变。（6）持续改进要重点优化过程，以提高能力为核心，而不是快速解决战斗。单纯地打胜一场战斗可能有偶然性，但如果提高的是打仗的能力，例如总结出五环十四招、一点两面三三制，这样的战法可以百试不爽。（7）持续改进要重点优化稳定的业务，不要放在缺乏经验、还处于创新阶段的业务上。不稳定的业务本身就没有足够的实践经验，难以总结出最佳实践，也就谈不上优化。

以上可以看出，持续改进与公司层面的经营指挥有很多不同的工作视角。从基层的实践出发，也能总结出许多有价值的战术战法，这是高层视角不能兼顾到的。管理不应当只有高层视角，也应当有基层视角，这样的企业既有会打仗的将帅也有会打仗的士兵，企业的战斗力怎么能不强？

组织指挥有章法

革命军队所以必要，是因为只有强有力才能解决伟大的历史使命。而在现代斗争，强力的组织就是军事组织。

——列宁

CHAPTER 5

众所周知，"一切行动听指挥"是军人的天职，是军队强大执行力的根本保证，否则是难以打胜仗的。同样，一个企业没有类似一切行动听指挥这样的机制，必将导致政令不通、行动散漫、效率低下，也是不能应对市场竞争的。随着组织机构越来越庞大，几乎每家企业最终都走向了大企业病：政策执行僵化、本位主义滋生、职责不清、相互推诿、信息不畅、响应迟钝、协调困难、安于现状、墨守成规、缺乏创新等。但造成这些情况的原因也是"一切行动听指挥"，因为遇到问题需要上级协调，得到上级的指示和命令后才行动，随着管理层级的加深，组织不可避免地成为一个行动缓慢的老者，失去年轻时曾有的活力。所以，成也萧何，败也萧何，很多企业在"一切行动听指挥"中经历了自己的生老病死。

其实，我们理解"一切行动听指挥"这句话时，首先应当弄清听谁的指挥。很多人认为是听"领导"指挥，而军队听的是"指战员"。指战员当然也是领导，但他还有一项任务，就是指挥打仗，所以一切行动听的是战争的指挥，而不是人。企业活力的丧失在于员工注意的是领导而不是企业的存亡，因为听从领导指挥的人才能获得最大的利益。因此，我们要辨析"一切行动听指挥"背后的思维模式——军队思维还是衙门思维？这是企业摆脱大企业病的关键。

第一节
组织的血性

我们今天看到的企业，与政府机关很相似，即使名称略有不同，但结构大体是差不多的，是自上而下的指挥系统，可称为官僚制（也可以称为科层体制）。官僚制本身并不是贬义词。恰恰相反，官僚制是一种效率非常高的组织形式。德国社会学家马克斯·韦伯于 20 世纪为官僚制建立了理论体系，依职能和职位将权力分工和分层，以规则为管理主体，构建牢固的组织体系。官僚制是以分部与分层、集权与统一、指挥与服从关系建立的组织形态，执行力极强，是现代社会和企业最有效的组织制度。

那么，官僚主义又是怎么回事呢？官僚主义通常指那些脱离实际、脱离群众、欺软怕硬、做官当老爷、官官相护、贪污腐败的领导作风。企业中也会有官僚主义现象，这是许多管理岗位缺乏监督时人们自然而然产生的惰性行为，他们常常不愿意深入工作，不愿意配合协调，好逸恶劳，争功夺利等。这不能单方面怪罪于人性，也有制度和体制的原因。官僚制有好的一面，但组织规模跨越了一定的门槛后，缺点就迅速暴露出来。

官僚制的核心是金字塔式的权力结构，权力成为这个组织传递信息和凝聚的关键枢纽。在自上而下统一指挥的影响下，执行力绝对高效，但组织壮大后的副作用也是明显的：（1）官僚制面临难以克服的形式合理性与实质非理性的内在矛盾，政策在传递过程中会因各层管理者的理解、目的和利益而歪曲;(2)官僚制容易引发各种官僚主义,束缚了人的积极性,影响了组织效率,并且扼杀创新力;(3)高度统一的权力使组织中的下属单位产生狭隘的服从和为上级服务的观念。

官僚制架构的大企业犹如一个官场,即使民营企业也逃脱不了被束缚的命运。原本在市场中靠一分钱一分钱积攒打拼而成长起来的民营企业,在立足根基后建立了现代化的企业管理制度,员工反而在职场中勾心斗角,使企业产生越来越大的内耗成本,俨然失去了原有的战斗力。因此,企业如何在壮大过程中保持血性是一个难题,这要求企业经营者在遵从市场规律的前提下,保持军事思想和战争思维,不让企业偏航。

任正非没有经历过战争,但对军队指挥的学习始终没有松懈。他始终将华为的经营管理工作与军事指挥做类比,这给华为附加了很多军队的痕迹。例如内部对人力资源部曾经称作“干部部”,把直接面向客户的销售、交付等部门叫作“一线”,战略性研究叫作“战略沙盘”,模拟竞争对手攻防叫作“红蓝军演练”,甚至引进了美军的一些术语,如“铁三角”“蓝血十杰”等,号召华为人效仿美军《22条军规》制定华为自己的军规。这样的感召无形地使华为员工具有战士般的使命感,培育出军人特有的血性。

华为向军队学习的内容主要包括以下几方面:

第一,向军队学习组织与流程建设。华为大量吸纳了军队的组织建设与流程建设的思想,以具体对策保证组织效率的持续提升,组织运作的灵活、有弹性与高效,保证公司的运作能够不断适应外部不确定的环境,有效地实现组织目标。以2009年任正非的《谁来呼唤炮火,如何及时提供炮火支援》讲话为起始点,华为以美军在阿富汗战争中的作战模式为模板,开始构建市场一线,并与之前引进的 IPD、ISC、IFS 等业务流程相对接，形成覆盖全业务的运作流程。这个流程中，大量引入了美军现代军事变革的成果，发展出诸如"班长的战争""让一线呼唤炮火""上校连长""铁三角""把指挥部建在听得见炮声的地方""持续赋能""片区联席会议""重装旅""联合勤务""战略预备队""后备干部队""一切为了前线、一切为了服务、一切为了胜利"等思想。基于业务流程，华为进行了组织架构、职位设置与调整、责权利的划分及管控方式等变革。任正非指出："前两年我们已经开始组织改革了，首先就是加强地区部的计划建设，这也是向美军学习的。"可以认为，中外企业中，很难见到如华为这样的大量引进军队运作方式的业务流程与组织运作方式。这是兵法商用的典型案例。

第二，以军事组织的标准培养和选拔干部，打造一支高素质、高境界的管理团队。华为强调各级干部必须为部门结果（即军事中的"胜利"）负责，成为指战员，保持管理目标与经营业务的一致性。干部的选拔与晋升必须从基层做起，在"上甘岭"上选拔干部。任正非强调"宰相必起于州郡，猛将必发于卒伍"，干部要走"之字形成长"道路，"将军是打出来的"。2019年末，任正非在一次讲话中指出："我们公司的改革明显落后于国家的改革，落后于军队的改革。军改都在考军长了，人力资源的干部有多少人有识别干部、专家、职员的洞察能力，有多少人熟悉主航道的业务，没有这些能力，如何能洞察公司的未来！"军队军改过程中考军长的举措被任正非发现，被迅速引进到华为，"考军长是要从上到下逼各位领导学习，消灭南郭先生、铲除平庸。没有平庸的员工，只有无能的领导，我们需要满广志、向坤山、李云龙……"。

第三，学习军队的组织文化，以此作为企业组织文化与组织氛围建设的外部力量，赋予企业血性、狼性和理性，打造出一支铁军。在华为，许多中外军校的精神深入人心，例如黄埔军校的"主义须贯彻，纪律莫放松，预备作奋斗的先锋"，抗日军政大学的"坚定正确的政治方向，艰苦朴素的工作作风，灵活机动的战略战术"和"团结、紧张、严肃、活泼"，以及美国西点军校的"责任、荣誉、国家"。在金一南教授介绍美军的组织运作后，华为自发地学习美军《22 条军规》，在基层形成了《华为 16 条军规》（后扩充到 21 条、28 条等）。华为还把一架二战的英雄战机伊尔 -2 作为精神图腾，"没有伤痕累累，哪来皮糙肉厚，英雄自古多磨难"。苦难的背后都是伟大。这些精神不只是在鼓舞一个企业，也是在鼓舞一个民族。

拿破仑曾经说过："绵羊统率的狮子军团永远无法战胜狮子统率的绵羊军团！"只有将勇者的精神带入一个企业，才能振奋一个企业，这个企业才能成为神一般的存在。

第二节
双向指挥

一个组织需要有统一的指挥。在龙舟比赛中，每条龙舟前都有一名鼓手引导音乐和号子声打节奏，这种鼓点并非纯粹为了助兴，而是夺冠必不可少的一部分。赛龙舟最忌讳的是偏航，龙舟队员分坐于船的两侧，如果大家各自使劲划，虽然都尽力了，但难以保证两侧力量始终均衡，船就会走偏。所以，鼓手的作用是协调大家的步调，保持两侧均匀发力，从而确保船行的方向永远对着目标。这就是一个组织里统一指挥的必要性，执行力高效的组织必须依赖统一指挥。

但是，统一指挥并非单一指挥。龙舟中的鼓手其实是背对着目标的，他并不知道方向在哪里，只负责调整队员划桨的节奏，而目标是由队员们自己把握：他们眼睛盯着目标，由夺冠之心驱动着他们前进。企业的组织壮大后就会形成大企业病，因为员工的眼睛盯的是领导，而不是目标。这样的指挥尽管能高效地控制节拍，但仍然难以保证各部门间形成合力。

所以，企业管理的指挥系统不一定是单向的、唯一的，也可以是双向的。如果企业单纯模仿政府组织机构的模式，自然理解不了什么是双向指挥，但只要看看军队指挥模式就十分清楚了。我们先看一看中国古代军队的一种管理体制。虎符是古代君王调兵遣将用的兵符，用青铜

图 5-1　错银铜虎符

或者黄金做成伏虎形状的令牌，劈为两半，其中一半交给将帅，另一半由君王保存。将帅负责管理军队，进行日常战术和技能训练，但不能随意组织和发动战争。需要起用军队时，由君王将另一半虎符授予钦命大臣，代表君王发号施令。这种方式下，军队长官只是那个鼓手，另一个指挥者就是下令起航的吹号人。

虎符机制给我们一些新的启示，组织是可以双向指挥的，这在今天的军队中也是如此。2016年实施的中国军队改革，正式奠定了中国军队现代化组织形式。军改后，中国军队形成了两个指挥体系：一个负责养兵，即按军种组织专业训练、联合基础训练、后勤保障等军政事务；另一个负责用兵，即按战区负责作战、指挥、控制、协调和联合训练与演习，战时可迅速投入实际战斗指挥。

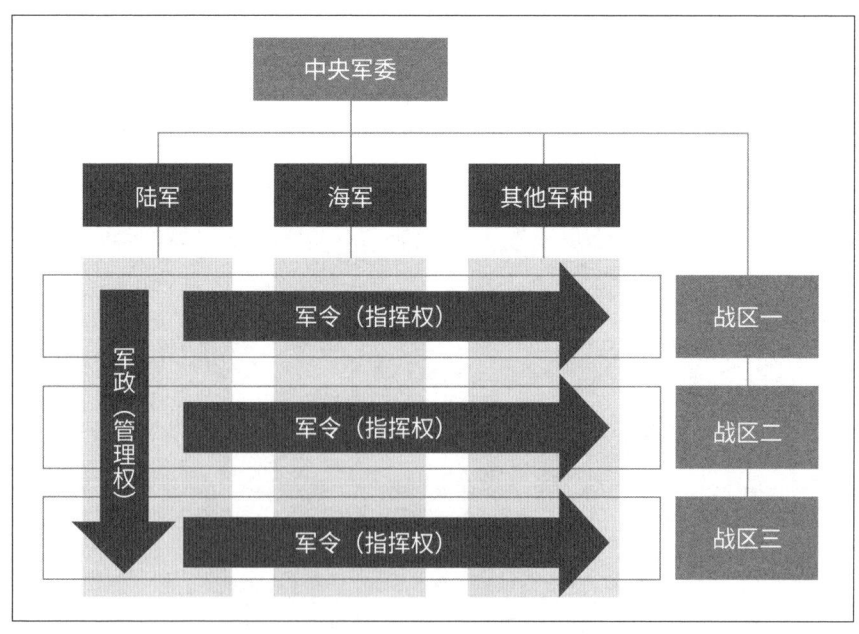

图 5-2 军队兵种和战区指挥分工示意图

企业运营本质上有两个权：一个是管理权，负责管理部门成员，如同龙舟上的鼓手；另一个是指挥权，负责业务指挥，也就是发出出发命令的吹号人。但是，绝大部分的企业把这两个权力合并了，简化为上级指挥下级的单项指挥模式，这是怎么回事？其实企业从诞生那一天起，就同时诞生了这两个权，一个负责组织，一个负责流程，只不过企业发展过程的不平衡导致我们偏爱一个而疏远了另一个。

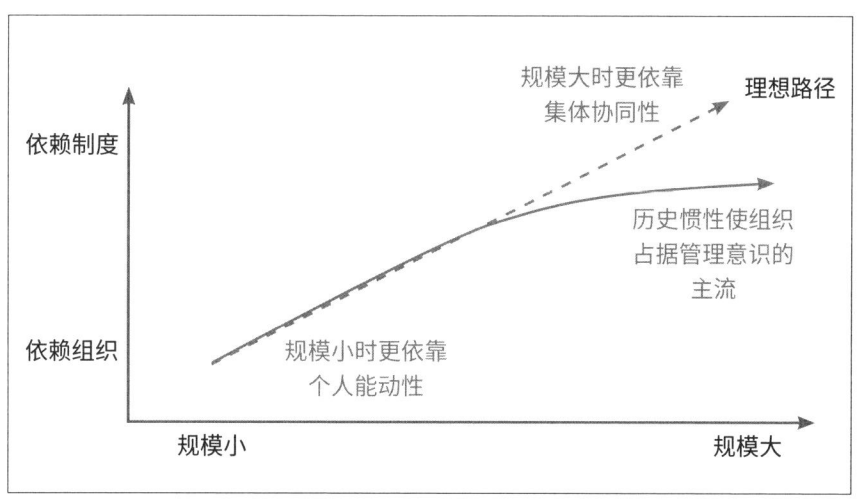

图 5-3 企业规模与依赖度的关系

图 5-3 中的虚线是一条模拟企业规模与组织依赖度关系的理想路径，它表明企业规模小时，对组织灵活性更依赖（一开始就循规蹈矩的企业往往很难有所突破），但企业规模增大时，要对规范的制度更加依赖（此时再依靠能人会令企业非常不稳定）。现实中，企业往往达不到这条虚线的高度，因为在企业规模增长过程中，经历几代人的依赖组织灵活性的行事方式往往会成为一种习惯而难以改变，就会产生多部门扯

皮的现象，发展成大企业病。

如果华为没有学习和引进 IBM 的管理方法，可能现在也在大企业病中挣扎。那么 IBM 如何解决这个问题？20 世纪 90 年代初，IBM 也因为大企业病濒临破产，一个人的出现挽救了 IBM。他就是路易斯·郭士纳（Louis Gerstner），他在危难时刻接手了 IBM。很多人认为他会像一般企业家处理危机那样大量裁撤、缩减规模，以降低成本渡过难关。然而郭士纳并不这么认为，他指出大公司拥有的众多资源是任何一个公司都向往的，只要将大公司整合得更好，完全可以比小公司更有效率，大象也是可以跳舞的。

郭士纳让 IBM 起死回生依赖于两个最重要的决策：一是力排众议，否决了前任执行官埃克斯留给他的将 IBM 进行肢解的方案，他坚决维护大公司的优势，集中调配资源，使 IBM 向客户提供最优质的综合服务，使企业具有竞争力。事实也证明，郭士纳接手的 IBM 没有停止发展的脚步，其触角继续向全球扩展，业务更加多元化，使 IBM 迎来高科技产业的上升期。二是改变了 IBM 的经营模式，开展以客户为导向的流程型组织变革，消除大企业病，使组织运作机制变得更灵活，实现大象也能跳舞的目标。

"以客户为中心"就是郭士纳授予 IBM 的第二套权力体系。从此，IBM 的员工不再仅仅听命于上级的指挥，在业务上以客户的需求为准绳，这样的双向指挥并没有出现管理学上认为的那种多头指挥的混乱状况。郭士纳的改革从实践上证明了"单向指挥"并非企业管理不可突破的原则，双向管理运用得好，反而让企业做大做强成为可能。

双向指挥是 IBM 和华为管理方法中最根本的要求。如果学会华为的战略管理、研发管理、营销管理，只是为了提高企业的战略能力、研发能力、营销能力，那还是瞄准了为领导服务，但如果有了双向指挥的机制，上面这些管理都不是部门的管理方法，而是成为横亘于企业的一项业务——没有部门边界的业务。

第三节
组织的"八卦"精髓

一个组织将业务的指挥权从部门管理权剥离出来，就能保障流程的畅通，所以人们称华为这种组织形式是"流程型组织"。流程型组织会被简单认为是一种打破部门墙的组织形式，即以横向的跨部门项目为主，一切听命于项目，此时需要弱化部门的指挥，也就是拆除部门墙。其实这种想法过于偏激，强调横向的作用又忽略纵向的作用，是从一个极端走向了另一个极端。

企业管理学中有关组织的运营理论恐怕是最薄弱的门类，迄今为止最正统的思想还是马克斯·韦伯提出的官僚制。尽管有很多突破的想法和尝试，但都因为层层单向指挥的思想而不能实现最终的目的。例如扁平化是许多人尝试缩短管理层级、提高效率、解决大企业病的一种思路，但强行缩短层级像强压下去的弹簧，并不能改变管理跨度这个定律，最终还是会反弹。走化整为零的思路能短期化解大企业的困局，但分拆后的企业也有一天会长大，还是突破不了瓶颈。教科书上所谓的矩阵型组织也并非真正的矩阵，在单向统一指挥的思想下，员工总是希望明确以哪一个指挥方向为主，是以部门领导为主还是以项目领导为主？于是产生强矩阵和弱矩阵之分，但无论强弱，都是科层体制，无非横着看还是竖着看罢了。

反观军队的组织，从形式上看也是自上而下的组织形式。但一名优秀的统帅在战争发生时都是灵活运用、联合作战的。八卦阵为战国时期孙膑首创，至三国时期，诸葛亮在中间加上了指挥使台，加以发展和完善。它对应太极八卦，此阵有休、生、伤、杜、景、死、惊、开八门，故称八卦阵。相传，此阵从正东"生门"打入，在西南"休门"杀出，复从正北"开门"杀入，则此阵可破，但破阵过程中还将遇到千变万化，可在群英、长蛇、卧龙、十面埋伏等阵形中继续演变，所以进此阵必定九死一生，司马懿就始终都没有攻破。八卦阵是否真的那么神奇？为什么没有传承下来？可以肯定的是，八卦阵在古代是真实存在的。按照现代技术对八卦阵遗址的勘查和分析，此阵本质上是利用地形和阵地进行合理分布，在有限的空间内部署敌军的冲击线路，牵着敌人鼻子转圈，让他们在迷宫中来回乱窜，消耗人马的精力。待敌军疲惫时，又利用狭小的空间集中力量一举歼灭。

所以，八卦阵可能并不复杂（但也不是那么简单，需要结合地形反复演练才能实际运用于战场），就是利用有限的空间衍生出更多的路径，达到消耗敌人的目的。八卦诞生于距今 5000 多年的伏羲时代，在中国的远古时代，它是一种很朴素的工具，以"太极生两仪，两仪生四象，四象生八卦"为基础，对八卦命名和标记为乾（☰）、坎（☵）、艮（☶）、震（☳）、巽（☴）、离（☲）、坤（☷）、兑（☱）。相当于伏羲创造了8个最基本的字母，可以用它对世间万物进行分类，例如在宇宙观上可以分别代表天、地、雷、风、水、火、山、泽，在家庭观上分别代表父、母、长男、长女、中男、中女、少男、少女，在动物观上可以代表马、牛、龙、鸡、豕、雉、狗、羊等。当然，世间万物靠8个卦象是不够的，这个方法可以举一反三，例如八卦互相搭配又变成六十四卦。另外，伏羲在八卦的表达方面又用了现代人所用的二进制方法，用"—"代表阳爻，用"– –"代表阴爻，将这两种符号在形式上大大地进行了简化。

所以八卦阵是名副其实的，不是指现代人整天挂在嘴上的娱乐"八卦"。蜀国兵力弱于魏国，诸葛亮就要用自己的"爻"应对敌人的"卦"，必须对自己的兵力进行最佳的配置。现代企业的各职能部门就像"爻"，本应以最经济合理的部门计划应对各种复杂的变化。但是管理方面却忽视了这个问题，认为不同的职能部门职责会产生冲突，进而回避这个问题，采取由CEO决策的方式。例如对于要签订的合同，销售部门赞同，认为可以完成销售业绩，而交付部门不赞同，因为其中的条款不能保证交付质量；财务部门也反对，因为利润也不能保证。此刻由CEO进行决策是最有效的，因此现代企业的组织架构基本是以直线职能制为骨架，职能部门只起参谋的作用。但CEO的决策仍然难以保证公正地兼顾各方观点，因此华为执行集体领导的方案，让代表不同职能的管理者共同协商，不回避彼此之间的冲突，在坚持职能立场的前提下相互理解、相互妥协，毕竟业务经营的成败对于各方是一荣俱荣、一损俱损的。企业的职能部门是最基本的经营单位，不要动不动说把部门墙拆掉，那样企业就没有了"八卦"的基础。相反，只有明确部门的边界，"爻"才能变成"卦"，"卦"才能衍生出群英、长蛇、卧龙、十面埋伏等各种业务。我们经常说，企业的流程要"端到端"拉通，但这句话不全面，应当指"结构化的端到端"。正如一条高速公路是在不同的省份内建好后再连接起来，企业的流程也是在研发、营销、供应链等职能区域建设好后再连接起来，流程型组织需要以结构化为基础。

那么什么是流程型组织？流程型组织就是"卦"，是纵横两种管理维度下同时存在的二维管理模式，即部门垂直领导和流程横向拉通的矩阵型管理模式。这种组织结构保留职能部门，并以此组合形成不同场景的业务。每个员工的工作并非由本部门领导直接指导，而是受流程牵引。需要注意的是，传统意义上的部门加项目组织的矩阵型组织并非真正的矩阵，这与流程型组织的矩阵是有区别的。从本质上讲，流程型组织才是恒定的矩阵。

流程型组织是由管理权和指挥权双向权力系统构成的矩阵组织，以流程驱动工作，以客户满意驱动流程质量，充分发挥职能作用，实现以客户为中心的业务拓展。以流程驱动工作就是让每一个员工都按照流程工作，不受部门领导的影响，实现跨部门协作。双向指挥的组织结构是突破，而双向合作的交点是职能，这些都与当前主流管理和企业实践不同，所以在这个范围内确实找不到太多像华为这样的实证。但放眼到军队，组织的形式就相对多样化，这值得我们借鉴。

恩格斯说，尖端科技的应用最早是从军事领域开始的。战争是人类面对生死的最严峻的挑战，因而投入也不惜代价。军事投入的成果相当一部分可以转为民用，如互联网、GPS、数字通信技术等，可改善人们的生活，为人们提供极大的便利。那么，除了武器这样的军事成果外，军队组织管理上的智慧是否也值得企业界学习呢？孙膑和诸葛亮相差500多年，彼此没有直接沟通，但八卦阵的思想一脉相承。IBM 和华为分处地球两端，一个偶然的机会让任正非接触到郭士纳，让他们走到一起的是因为对"以客户为中心"有相同的理解。与这些胜利之师为伍，首先在思想上要理解和相通。

第四节
班长的战争

如果用一件事概括华为的组织特点，那就应当首选"班长的战争"。指挥权是企业的核心问题，只有领导指挥自己的属下，哪能让别的部门指挥自己的人呢？但在华为是可以的，并且是任正非鼓励的，"让最听得见炮声的人来呼唤炮火"。所以说，如果一家企业能让班长指挥战争，说明企业的组织运营已经摆脱对领导的依赖，可以在流程的指挥下自动运转。

班长的战争也是源自美军用铁三角呼唤炮火的战法。虽然前线只有三个人，但却是一个重要的标志，意味着"前线"厮杀模式彻底结束。"前线"意味着双方的交战是在一条"线"上进行。为了能够长期防范来敌，国家之间还建起了"防线"，如马其诺防线等，但技术的发展已经让地面的防线越来越没有意义，远程精确打击已经使攻防前后不分，可以全方位立体进行，此时"前线"已经不是战场。现代化的战争越来越多地让人从"前线"撤回，越来越多地使用无人机、机器人、卫星等设备进行侦察和指挥，而铁三角也是做最后的实地侦察，完成目前机器设备尚不能实现的任务。为什么要把人从"前线"撤回？因为现代火器对人生命的杀伤力实在太大了，而人的生命是无价的。当前人类要做的重要事情就是将人积累的经验转移到机器上，让机器代替人去执行。这样，人们收益的不仅仅是更高的效率和可靠性，而且把经验无期叠加，不会因为人的离职把经验带走。

那么，企业需不需要把人的经验传授给机器呢？当然需要，因为时间就是金钱，效率就是生命，商业社会争分夺秒，比别人快半步就能决定输赢，所以企业运用机器人是值得提倡的。早期，许多企业主不舍得投入设备，觉得用人工更划算，其实那是一种短视的行为，他们会因为难以为继的高成本而相继退出历史舞台。但是，我们还应当看到企业自有的无形机器，这就是任正非所说的基于流程规则的无生命组织。人类目前的经验还不能完全地用机器实现，但有规则总比没规则好。规则是彼此间事先达成的协议，有了规则事情就可以顺利地执行，而没规则就要先吵架，吵完了商机也就没有了。所以，下一拨要退出历史舞台的将是那些不重视管理、没有建立稳定高效组织的企业。

流程型组织不断地吸取人们的经验，把经验转化成规则沉淀于组织中。这些规则就是组织中的流程。流程型组织就是由流程驱动，人们要么按照成文的规则在信息系统的流程中做事，要么按照未成文的机制做事（因为很多新岗位还没有成文的流程）。未成文的流程会因经验形成的实践而产生新的流程，这样这个组织的流程就处于不断完善中，组织的能力就会越来越强。

例如华为的供应链现在具有很强的管理能力，华为的备胎计划源于供应链给任正非提供依据，让任正非做出大胆而有远见的决策，最终在关键时刻发挥了作用。通常企业对供应链的理解，讲的是企业内和企业外第一链的管理协同，而华为集成供应链讲的是从原材料到终端销售整条链上企业的协同，更是一个战略性的链条，而不仅仅是采购性质的策略合作。实现这样的目标需要高超的能力，以产业关联整个链条的信息流动，企业主导推动信息规范和沟通机制的建立，但实现责任与权利的分配与共享，还需要足够的规模才能形成凝聚力。换句话说，就是要具有行业领头人的地位。供应链管理的关键点在于预测，通过资源供需计划的准确预判最合理地配置资源。早期，华为公司从预测、计划到生产线并没有理顺，配套发货率非常低，只有20%—30%；存货周转率一年两次。计划和采购之间的矛盾也非常突出：计划质量不高，采购不能满足需求，采购方式也非常单一。2000年启动供应链变革项目之后，华为公司整个供应链的流程建设有50多个子流程，这些流程中设立了很多KPI指标，科学地管理供应链的每一个环节。尽管这些KPI初期的达标率很低，但可以分解出不同的类型，每次解决一个因素，就能提高一步，就能使KPI越来越好。例如对"6个月的计划给物料"，尽管准确率一开始只有20%—30%，但在全公司的不断努力下，持续进行改进，建立各流程的信息系统，获取预测数据，对综合订单情况进行调整，客户的满意度不断提高。华为公司目前的准确率甚至能够达到90%以上，这是非常了不起的。所以，人工智能告诉我们，机器可以学习，而流程型组织告诉我们，组织也可以学习。

流程型组织未必是最"聪明"的组织，因为总有天才人物会打破原有规则，推动历史进步。但一个稳定的、汇集过往经验的组织是必不可少的，它是我们迈向成功的基础。《孙子兵法》说："凡战者，以正合，以奇胜。"奇思妙想固然是取胜的法宝，但不要忘记首先要"以正合"，不能规避解决问题的常规方法。我们不能指望班长能以奇胜，但只要能调动大部队，至少说明这个组织具有打大胜仗的基础条件。试想，如果一个兵团的司令只能带领自己的手下出奇制胜，不能调动其他部队的一兵一卒，那也只能获得小胜，取得不了决定根本的大胜。

如果有一天，你在一辆拥挤的公交车上看到一名其貌不扬的年轻人拿着手机大声说："喂，小张，你赶紧把我那个联通公司的 4 个亿合同让商务经理提交了，赶紧完成签署，另外，与电信那 5 个亿的合同赶紧打印出来，我马上去签……"对此你不要嘲笑，他不一定是一个装酷的瘪三，也可能是华为公司普通的基层项目经理。

第五节
少将连长

"凡战者，以正合，以奇胜。"交战双方势均力敌地厮杀时，一支小小的部队从背后或者侧面突然地杀入敌阵，立即搅动了战斗的天平，使得原本的胶着瞬间瓦解。例如令韩信一战成名的井陉之战，韩信率 3 万老弱之师（韩信初次带兵，只能凑出这样的队伍）对阵敌方赵军 20 万雄师，以背水一战的气概与敌方对阵。但暗中派两千精锐奇袭敌方大本营，打乱敌方阵脚，最终以弱胜强。中国历史上兵力最悬殊的淝水之战也是在前秦苻坚占有"投鞭断流"的优势下，可以完全力压谢玄强渡淝水时率领的晋军，只因为身在曹营心在汉的朱序用出其不意的"秦军败矣"的流言就令 80 万大军溃不成军。

"奇兵"在战争中人数虽少，但绝不亚于前面的"正兵"。这里的"奇"是什么意思？有两种观点。一种观点认为"奇"在古文中的意思指富余、多出来的部分（古文中有"余奇"一词，因此"余"和"奇"是一个意思），因此"以奇胜"是用富余出来的预备队取得胜利。这在一定程度上符合军队需要保留预备队这一原则，但结合孙子"善出奇者，无穷如天地，不竭如江海"的上下文，另一种观点认为"奇"仍然应当指大多数人可理解的"奇兵"，毕竟韩信和谢玄所派的奇兵不是简单的"预备"兵。因此，如果把"奇兵"作为组织的一部分，那也是非同一般的特种兵。

特种兵的单兵作战能力极强，适合在各种恶劣条件下完成作战任务，往往是决定战局的重要因素。从组织结构上讲，特种兵也比较特殊，一般由最高军事指挥机关直接指挥和领导，少数国家由国防部或高级将领直接指挥和领导，因此特种兵一般不属于普通部队序列。

企业的经营要不要设立"特种兵"？有人会觉得搞这样一支特殊化的队伍会打破各部门的利益均衡，影响士气；也有人认为特种兵的高素质也意味着高成本，有悖于向市场提供价廉物美的服务目标。其实，这些想法对于一般的企业经营管理是可以理解的，若要用兵法思想管理企业，这些成为相对次要的因素。因为打胜仗是最首要的，而战争的胜负往往在于关键时候的一支奇兵。

2019 年起，华为启动"天才少年计划"，面向全球招聘顶级的天才型毕业生。因最高年薪可达 200 万元而成为热点话题。这些天才少年来自六个方面的研究方向，分别是网络联结、人工智能、智能终端、云与计算、智能汽车和智能制造，会对他们在论文及研究成果方面均提出非常高的要求。显然，华为的"天才少年计划"是冲着特种兵目标去的，他们有特殊的使命，将在关键领域成为企业未来空间的重要力量。

有人对天才少年会有不同的看法：少年天才一定能成为参天大树吗？年少有才与成就事业没有显著的相关性呀！实际上，很多学霸就是因为在学习上太投入了，反而出现能力不均衡的问题，不能与社会很好地融合，成了"思想的巨人，行动的矮子"。实际上，天才少年的作用不必等同于将军，他们至少可以是特殊的士兵。霍去病千里奔袭需要极为健壮的人马，没有勇士和汗血宝马就组建不了那支横扫天下的远征军。所以任正非说："我们将从全世界招进 20—30 名'天才少年'……这些'天才少年'就像'泥鳅'一样，钻活我们的组织，激活我们的队伍。"所以，天才少年是否可以真的成为华为未来的领军人物是其次的，他们是否能激活组织的活力才是最令人期待的。

很多企业的高层管理者是从基层一步一步做起，逐渐走到领导岗位的。他们是最富有经验的指战员，是企业的中流砥柱。李云龙坐镇指挥，不用去现场，光听一听炮火声的密集程度便可知兵力状况，部下绝对瞒不过去。但总有些原因会使管理者离开一线岗位一段时间，那样就很难保证他的经验有效推进了。例如李云龙因伤休养，没有继续待在一线战场，几年后与老搭档丁伟再聚，就只能听别人讲述在抗美援朝战场上与美军作战的经验得失了。华为的高层管理者为企业奋斗了几十年，手下拥兵数万，但再优秀的管理者也难以像原来那样对新战场还了如指掌。长此以往，这支队伍将越来越滞缓，组织越来越没有活力。任正非给予"天才少年"特别的使命，实际上是组成"特别行动队"，让指挥员有新的生力军，为华为开辟新的突击方向。

所以，"天才少年"的作用是双向的：他们可能成为华为未来的将军，也可能成为将军手中的特种兵，即便身居高位也能随时指挥实战。任正非提出了一个"少将连长"的概念，他说："少将有两种，一是少将当了连长，二是连长配了个少将衔。"

所谓"少将当了连长"的意思是高级干部在一线当基层主管，带领小团队冲锋陷阵。这个小团队就是特种兵队伍，只要是精悍强干的团队都可以，不一定就是"天才少年"。当然，当连长的少将也要针对关键性的工作指挥调度，如协调指挥重大项目、建立高层客户关系、建设商业生态环境，充分发挥高级干部的资源优势。

所谓"连长配了个少将衔"就是建立特种兵团队，提高他们的级别。除了"天才少年"，一线基层主管、业务骨干若是工作出色也可以被破格提拔，让他们的职级、待遇达到特种兵水准，也就是从事基层职务，但享受中高层的职级和待遇，以此引导优秀人才奋斗在一线，创造更大的价值。

任正非是少数在和平年代仍然沉浸在战争中的企业家，所以他创造了很多诸如"班长的战争""少将连长"这样的专用词语，用独特的方法塑造和引领华为。他的很多奇思妙想本身就是华为"以奇胜"的根源。自古以来，军队代表国家最根本的实力。同样，要打造最强的企业，本质上就是要打造军队一样的强大组织。

第六节
授权不授责

在一个组织中，无论是企业还是军队，"授权"是一个回避不了的问题。授权是一门艺术，做得好，可以驾驭千军万马于帷幄之中，做得不好，则会陷入混乱、自毁长城。这好与不好的差别在于对"责任"的认识。大多数企业遵循"权责对等"的管理原则，在授权的同时也授予相对应的责任。例如企业搞承包制，就要授予一部分经营单位自主经营权，同时要求自负盈亏，如果经营失败要自行承担结果。很多企业采用阿米巴经营模式，也是看中这种方法能够放权于基层，让其成为一个独立核算的经营团队，激发其活力。

但是，如果让军队派出去的队伍自生自灭，那国家是完全没有保障的。为国家作战的军队利益必须与国家利益保持一致，给予他们的授权是最高规格的，也就是与国家利益共存。姜子牙在他的《太公兵法·立将篇》中讲述古代君主任命将帅的原则：将帅领兵作战，责任重大，"社稷安危，一在将军"，因此君主应信任将帅，给以机动指挥的权力。"国不可从外治，军不可从中御"，"军中之事，不闻君命，皆由将出"，让将帅"无敌于前，无君于后"，"战胜于外，功立于内"。这些都表明，国家对将帅的信任和授权是最高规格的，对外作为国家利益的代表。

东周威烈王十八年（前 408 年），魏文侯任命乐羊为大将，率军讨伐中山国。乐羊率领军队攻入中山国后，遇到了顽强的抵抗，进展十分缓慢，用了一年时间也没有取得胜利。因此国内流言四起，有人说："乐羊无能，应尽早撤换，以免劳民伤财，徒损国威。"有人说："乐羊本是将才，久战不决，必定是别有用心，用意拖延。"更有人说："乐羊是利用时间争取民心，以便在灭亡中山后自立为王。"还有人上书说："虎毒不食子，乐羊竟能忍心吞食自己的亲生骨肉，这种人如不趁早撤换，必将养虎为患。"魏文侯听到这些流言蜚语，看了这类奏章，心中暗想，乐羊的这些举动只是为了表明对我的忠诚和必胜的决心，这样的人决不会背叛我。轻信流言，临阵易将，不仅会使大将蒙冤，更会贻误军机。于是，他便将那些奏章放入一个箱子中，照旧给乐羊补充兵员，输送给养，支持乐羊继续进攻。随着时间的推移，检举乐羊的奏章也越来越多，魏文侯认定全是捕风捉影的不实之词，照例放入箱中。时经三年，检举信件竟装满了整整一个箱子。

乐羊苦战三年，终于取得胜利，消灭了中山国。他带领军队回朝后，魏文侯张灯结彩，大摆宴席，庆贺胜利。在宴会上，乐羊自觉劳苦功高，满脸喜色，频频举杯，并等待文侯的封赏。但文侯绝口不提封赏之事。直到宴会结束时，才命人送给乐羊一个箱子。乐羊认定封赏定在箱中，兴高采烈地回到家中，打开一看，既无加官晋爵的诏旨，也没有金银珠宝之类的贵重物品，只有满满一箱书信。乐羊看完，心情激动不已，自言自语地说："没有文候的信任和支持，我乐羊早就身陷囹圄，哪能得到今天的战功呢？"随即穿上朝服觐见，一见文侯纳头便拜："微臣浅薄无知，只想到自己出生入死的功劳，却不知大王信任和支持的重大作用。灭亡中山全靠大王的英明决策，乐羊不过略尽犬马之劳而已！"魏文侯见乐羊收敛了恃功倨傲的情绪，才重重地奖赏了他。魏文侯任贤拒谗、信任将帅的事迹常为后人所称道。

魏文侯的所作所为体现了另一个与大多数企业管理不同的原则——授权不授责。魏文侯把军队的权力全权交给乐羊，却把失败的责任留给了自己：万一出现奏章中的情况，导致失败甚至灭国的责任可就得魏文侯自己背了。授权不授责的原则，让一个贤能之君掌握了国家的命运。"责"这个字有两重含义：一重是"责任"，二重是"责备、斥责"。第二重含义更为深远，一旦出了问题应当追究谁的过失。权责对等下的"授权授责"原则强调的是第一重含义，好的授权原则是"授权不授责"，把责任永远留在高层这里，团队才不会成为一盘散沙，能让组织永远具有向心力。

华为提倡的就是"授权不授责"，无论哪一级管理者都不能因为授权属下而推卸自己的责任，这种高度的责任心才是华为能出色完成每一项工作的保证。2011年，华为决定将消费者业务独立出来，打造自有品牌手机。其实在此之前，华为一直在做手机，只是做得并不出色，以至于任正非曾想卖掉手机业务。后来确定了要大力发展手机业务，那么首先要选好将。尽管华为终端业务人才济济，但任正非还是将眼光转向了无线业务悍将余承东。这是一次巨大的挑战，因为当时国内外智能手机市场格局已经初定，而余承东并没有面对终端消费者的经验。接手之后，他还没有成绩，却收获了一个"余大嘴"的外号，因为他吹了一个大牛："华为手机要超越苹果、三星成为全球第一。"而且一开始还吹漏了：因为做法太激进，华为前两款冲击中高端的机型 P1 和 D1，定价高还质量差，也令任正非十分不满意。于是，内部出现了一场"倒余运动"，一直闹到了任正非那里。但任正非知道这种挫折是难免的，而余承东所确定的方向是正确的，所以他一锤定音——反余承东就是反我，表达了对余承东坚决的信任。果然，余承东放开手脚，继续在自己选择的路上大步前进，最终让吹过的牛一一兑现。

任正非能够在关键时候帮助余承东顶起责任的压力，在于他有知人善任的智慧。除此之外，华为还有一系列的制度保障，包括集体领导、双向指挥、科学的管理方法等。没有这些机制的保障，任何人都难免有看走眼的时候。历史上有魏文侯这样的明君，也有欺君罔上的逆臣，以至于宋太祖赵匡胤采取杯酒释兵权的方式保证国家稳定。但这终究不是可靠的解决办法，华为给我们的借鉴就是要不断完善制度建设。

第六章

卒之可击，胜之半也

士兵们的优秀往往可以弥补将军们的错误。

——特奥多尔·蒙森

CHAPTER 6

　　《孙子兵法》中"知彼知己，百战不殆"这句话对于中国人来说是可以朗朗上口的。但如何做到"知己"？仅仅了解自己这方面的情况就行了吗？

　　孙子说："视卒如婴儿，故可与之赴深溪；视卒如爱子，故可与之俱死。"意思是对待士卒像婴儿，士卒就可以同他共患难；对待士卒像自己的儿子，士卒就可以跟他同生共死。战国军事家吴起领兵作战，跟最下等的士兵穿一样的衣服，吃一样的伙食。睡觉不铺垫褥，行军不骑马乘车，亲自背负着捆扎好的粮食和士兵们同甘共苦。有士兵得了恶性毒疮，吴起就用嘴替他吸吮脓液。这个士兵的母亲听说后放声大哭。有人说："你儿子是个无名小卒，将军亲自替他吸吮脓液，你怎么还哭呢？"那位母亲回答说："不是这样啊。多年前吴起曾替他父亲吸吮毒疮，他父亲在战场上勇往直前，后来死在敌人手里；如今他又给我儿子吸吮毒疮，我不知道他又会怎样，因此，我才哭他啊。"所以，企业竭尽全力去关爱员工，结成"知己"，然后才能真正地"知彼知己"，因为亲如己出的员工才是企业最可信赖的基础，这是企业强大战斗力的来源。

第一节
一日戎装，终生为伍

科技企业有一个比较难以解决的问题是：员工的"青春饭"能吃多久？尽管高新技术人才含金量高，但丰厚的利润导致产业竞争激烈，发展迅速，对人才的需求也日新月异。无论掌握多少最新的知识，技术发展的速度仍然会超过个人的学习能力，必然出现"长江后浪推前浪，前浪死在沙滩上"的现象。

对于过了鼎盛时期的人来说，职场能力出现问题就会面临被企业淘汰的风险。在过去计划经济的年代，中国人追求国营企业"铁饭碗"，就是为了防止被淘汰。然而经济发展必须以市场经济为基础，抱着吃不饱、饿不死的"铁饭碗"终究不是大部分人的追求，每个人都希望在市场中实现自己应有的价值。新企业的诞生，与之相伴的是产生新的企业制度，随时根据市场情况进行资源配置，也包括对劳动力的配置，也就是可以随时招募和裁减员工。

西方企业对裁员是司空见惯的。受制度和文化因素影响，西方政府也鼓励员工流动，对裁员保持中立态度，甚至也会推动员工"社会流动"。西方人也会为自身发展考虑，尝试从事不同的工作而不是局限于一家公司。总之，西方社会主张效率优先，物竞天择，人与人之间、企业与人之间依靠契约关系，因此企业根据自身情况该裁就裁，该撤就撤，适应市场趋势变化，但也使企业持续稳定发展受到影响。

有数据统计，中国民营企业平均寿命仅 3.7 年，中小企业平均寿命更只有 2.5 年；而美国与日本的中小企业平均寿命分别为 8.2 年、12.5 年。中国大公司的平均寿命是 7—9 年，欧美大企业平均寿命长达 40 年，日本大企业平均寿命达到 50 多年。拿中国数据对比西方尚不十分有说服力，尽管反映了一些问题，但也要看到中国市场经济的背景，毕竟比西方晚起步了一两百年，许多初始阶段的极端数据不能概括稳定后的特征。值得我们观察分析的是日本企业与西方企业的差异，因为日本仍然保留着许多东方文化的传统，给企业经营管理带来不同于西方的特点，也是使日本企业寿命更长的直接原因。

相对于中国国有企业的"终身雇佣制"而言，日本企业对此亦是比较认同。日本大学生毕业后，一旦进入一个企业或组织，基本将一直工作到退休为止，而企业／组织不能以非正当理由将其解聘。这是日本企业倡导的一种管理实践，相对应的管理实践还包括对年轻员工实行全面的职业管理和教育培训，对留住员工、保持员工对于组织的忠诚度有积极作用。终身雇佣制和年功序列制、组织工会制并称为日本经营的"三大法宝"，造就了很多优秀的日本企业。

但是，日本企业也产生了较大的问题，企业乃至社会的内卷化问题日益突出，普遍缺乏创新力，很多知名企业的市场份额逐渐缩减，使终身雇佣制受到越来越多的质疑和挑战。2001 年，松下、富士通、NEC、索尼等电子公司相继宣布裁员计划。据日本厚生劳动省的一项调查，接受调查的 591 家企业中，只有 9.5% 的企业表示坚持"终身雇佣制"，而 38.3% 的企业表示已经不需要"终身雇佣制"。

由此可见，市场经济也严重冲击了东方传统的组织文化观念。儒家思想中"敬天爱人"始终应当是追求的理念，人与人之间无论用什么样的"契约"关系都是不能涵盖的，只有从心里发出的真爱才是真正凝聚人心的力量。但东方传统理念面对西方的丛林法则，又如何突破？

允许战力下降的员工仍然占有华为的岗位，让新鲜血液不能补充进来的思路显然不符合任正非的治理理念，他说："不管是对干部还是普通员工，裁员都是不可避免的。我们从来没有承诺过，像日本一样执行终身雇佣制。我们公司从创建开始就是强调来去自由。内部流动是很重要的，当然这个流动有升有降，只要公司的核心竞争力提升了，个人的升、降又何妨呢？"如何不像西方企业那样冷冰冰地抛下老弱病残？华为设计出了一套独特的制度——提前退休。

华为的提前退休是一个热点话题。首先，退休年龄非常早，有的45岁可以退休，有的40岁，甚至30多岁的也有。这说明华为对退休年龄没有明确的规定，关键是看退休以后怎么安排后续事宜。按照国家规定，退休人员按现在的政策领取养老金，男性要到60周岁，女性至少也要到50周岁，因此提前退休意味着还有许多年的"空窗期"，那么，空窗期内退休员工如何解决生活问题？

华为对此采取的措施是：（1）与其他离职员工不同，提前退休员工可以保留公司股份，每年参与公司分红。这意味着即使员工不工作，每年也能得到一笔收入。有些员工完全可以靠分红实现财务自由，周游世界。（2）鼓励退休员工进行与公司业务不冲突的创业或再就业。（3）为退休员工提供一定的返聘工作机会，如新员工培训、工作指导等。总之，这也是企业轻装上阵、保持创新力必须付出的代价，华为没有忘记提前退休人员仍然是华为的一分子，通过公司的政策向每一个员工传递了东方文化特有的温情。

华为这种"退休制度"应当是企业用人制度方面的一种探索，既与国际接轨，也兼顾中华民族的传统文化观念。当然，随着企业退休员工数量的增加，这部分不工作还继续享受分红的成本会持续增加，这条路能走多远还要拭目以待，秉持勇于创新观念的华为也会不断完善这套制度。

第二节
爱兵如婴，胜乃可全

　　溪流背坡村是东莞市松山湖畔的一个村落，如今它与华为紧密地联系在一起。2018 年 7 月 2 日，华为启用坐落于这里的华为松山湖基地，美丽的园区引人瞩目（见图 6-1）。与现在许多企业办公建筑风格不同，华为的这个基地像集欧洲各国传统风格于一体的童话世界。园区以清净自然的松山湖为畔，更投入 100 多亿元打造了一个近 2000 亩的景观花园，那些并不高大但形态各异的欧式小楼便是办公场地。这里有意大利中世纪古城维罗纳，广场中心的喷泉透露出静谧中的活力；有德国海德尔堡建筑，湖里悠然自得的黑天鹅诉说着生活的惬意；有捷克克伦诺夫小镇，让人在城堡和几座蓝绿色塔楼之间感受来自波西米亚的气息；有瑞士弗里堡区的古城和修道院，依托地势起伏，错落有致；有法国葡萄酒产区勃艮第的庭院，时常有三三两两的人聚在街区的咖啡厅吸收宇宙能量；有称为廊柱之城的意大利博洛尼亚，火车站旁连续不断的回廊是

图 6-1　华为松山湖基地一角

姑娘们最爱的留影之地；有西班牙的格拉纳达，参考了阿尔罕布拉宫的设计元素，不出国门也能倘徉漫步……除了风格各异的办公区，还有将这 12 个欧洲小镇连接在一起的绿荫大道、繁花小径、各具特色的桥，特别是穿梭于各园区的红色小火车，散落各处的餐厅、咖啡店、便利店，不仅一步一景，而且充满生活的味道。

每一个身在这里的人每天都能亲近自然，心情愉悦，怎能不油然而生出自豪感？怎能不热爱这个家园？怎能不更加努力，快乐工作呢？很多大公司也像华为那样为员工提供了优厚的办公条件，如由乔布斯生前设计的苹果公司总部大楼 Apple Park 耗时 8 年时间才完工，总成本达 50 亿美元（当时约合 330 亿元人民币）。该建筑为环状建筑，像"一艘着陆的宇宙飞船"，而美国媒体则将其比喻成"巨型玻璃甜甜圈"。其特点是讲究环保，中空地板可促进空气循环，楼顶的太阳能面板每年能产生 1600 万瓦特的电力，沼气燃料电池能产生 400 万瓦特的电力，这能够满足苹果三个季度的工作用电。谷歌公司也有类似的计划，新总部建筑物上方设置大型的半透明顶棚，保证光线和空气输入，整个空间像一套巨大的家具组件，可以自由组合。国内许多知名公司也乐于建造更好的办公环境，提振员工的工作激情，同时也为企业树立良好的形象。

一般人认为企业应当在具备一定规模和富余资金后，才可以考虑装饰门楣的事情。这种想法还是从资本出发，首先考虑的是资本回报，而华为很早就舍得对员工的办公环境投资。早在 1998 年，华为开始建设位于深圳的坂田基地。那个年代，中国企业大都在为业务发展而奔波，但华为基地的规划却十分长远。没有像毗邻的富士康那样搞围城，而是规划了几个开放的区域，大兴绿化，使当时脏乱差的关外之地出现了唯一一片绿洲，行人和公交车可以穿梭其间。每个园区绿树成荫，湖塘边鸟儿筑巢、鱼儿成群。高楼大厦并不多，却在没有私家车意识的年代规划出未来二十年的地下车位。华为在全国各地的研究园区都是这种风格，不追求密集的高楼大厦，主张回归自然，让人们在举手投足间得到放松。

除了这些硬条件，更有无微不至的软环境。例如华为有很多人羡慕的美食街。为了向员工提供价廉物美的用餐体验，华为的食堂完全外包并引入竞争机制，品质和服务与购物中心并无两样。即便是远在非洲的代表处，也能保证吃到与国内一样的伙食。华为有 2000 多人的秘书团队，这些秘书并非只服务于领导，相当一部分还服务于部门，帮助各业务部门做好后勤琐事，享受差旅服务全程自动化，这是一般企业的老总都体会不到的贴心服务。后勤部门不仅定期更换每间办公室的鲜花绿植，连卫生间都可以和星级酒店媲美。

俗话说：爱兵如子，胜乃可全。华为对待员工岂止爱兵如"子"？简直是爱兵如"婴"。很多人对孙子的"视卒如婴儿，故可与之赴深溪"也就姑妄听之而已。企业之间的竞争既是市场竞争，也是文化修为的竞争，中国几千年的文化瑰宝是民族的利器，永远不能放弃。

第三节
战略预备队

爱不是溺爱。呵护婴儿是为人父母的基本义务，还要培育孩子成为对社会有用之才。每个人的知识和技能都会随着时间的推移而老化，渐渐被淘汰，因此不能仅仅让员工发挥出价值，更要兼顾他们的学习成长。很多有条件的企业都办起了内部的企业培训中心，完善管理者和员工的知识结构，促进理论与实践相结合，构建积极向上的企业文化，不断为企业造血，保障企业的健康发展。

通常以企业高级管理人员、一流的商学院教授及专业培训师为师资，通过实战模拟、案例研讨、互动教学等实效性教育手段，以培养企业内部中、高级管理人才为目的，满足人们终身学习需要。由于该培训能弥补高等教育体系的不足，适合企业自身的技能需求，所以具备以下特征：①企业性。在管理、课程、讲师、学员等方面都带有明显的企业色彩，为企业服务。②战略性。作为企业战略发展的助手，可根据企业的发展战略，推动企业业务的实施。③集成性。主要指资源的集成，集中企业内外的各类学习培训资源，保证资源充足并有效配置。④自主性。相对于其他职能部门，自主性很强，可以独立运行，并自主开发课程、挖掘培训讲师、开发新的培训项目等。⑤针对性。由于是为某一企业服务，针对性也就十分明确了。

由此看出，企业培训机构与高等学院有明显的区别，应当为企业量身打造。实际运行中，许多企业结合自身实践不足，往往大力借助外脑提高内部员工的技能和素质，或者对过往经验进行研讨和总结，一般不涉及企业当前的战略。知识的总结来自一些令人尊重的智者，容易引发象牙塔现象，围绕一个较为成熟的问题深入研究。例如很多企业通过内部培训了解了精益生产的好处，于是在这方面不断投入研究，精益求精，这种工匠精神值得赞扬，但他们精益芝麻的同时，也许会忽略更大的西瓜。

华为也有企业培训，任正非在创办时表示，要把"将军的摇篮"这句口号公开喊出来。当然，这将给教学极大压力，给学生极大压力。"我们执行 830 计划，最大的困难是缺少带兵的人，缺少优秀的拥有成功实践经验的干部。这些人在学习与实践中，会逐步成长为各级管理骨干，我们称之为'将军'。……要研究一下，黄埔军校、抗日军政大学、西点军校为什么出了这么多将军？为什么我们担负不起这个历史使命来呢？"

在办学宗旨上，任正非再一次把期望落脚到军队上。军校和普通学校有什么不同？普通学校毕业生的目标是"就业"，而军校毕业生的义务是"服役"。服役是公民必须尽到的义务，一旦穿上戎装，就有义务服从命令听指挥，到组织需要的岗位，不是像就业那样爱去不去。所以，华为的培养不是简单地为了提高而提高，而是有目的性的，是根据什么"战场"的需要而培养，结业后就要去服役。

任正非说，对学员主要的赋能要支撑公司文化、管理平台和关键业务能力，尤其是战略预备队的建设。这里，前面几项都是企业培训应当具备的基本职能，这一点华为内部培训并不缺席，独具特色的是任正非提出的"战略预备队"，这是华为培训里军校特质的表现。

预备队是军队作战部署中机动使用的兵力编组，是很重要的兵力配置，可以应对战场的变化。墨子说："库无备兵，虽有义不能征无义。"

没有预备队的正义之师照样打不过无道之众。所以，企业管理也是如此，把人力资源用得满满当当的就不是好事，还是要保留预备队的配比。那么，什么是战略预备队？战略预备队通常在战略上有决定意义的方向和关键时节出现，主要用以支援或接替战略第一梯队。由此可以看出，华为打造战略预备队的目的不仅是培养和提升能力，还要打造可以构成整编部队的"团队"，随时开赴"前线"。

华为的战略预备队由什么样的人构成？培训的目的和内容是什么？要达成什么样的目标？从目前的运作看，主要要实现这样几个目的：①培养未来的"将军"。任正非提出"每年排在前25%的优秀人员进战略预备队"。这些员工已经很优秀了，为何还要回炉学习？正是因为他们优秀，才需要他们挑战更高的目标。战略预备队招募广告语是"升官发财请来战略预备队"。这个口号很淳朴，又很直接，但也是任正非的风格，用众人之私成就众人之公。这些优秀员工的继续成长不是在原来的基础上吃老本，作为战略预备队的一员，他们将再次起航，迎接下一个挑战。②为员工继续创造价值助力。任正非说，有些海外市场无法继续拓展了，有些产品线要砍掉，这些人可以进战略预备队做缓冲。因为他们都在前线打过仗，有技术，有经验，所以也是公司的财富。这些人回炉不是要像高等学府那样再学一门知识，而是快速掌握一些必要技能再投入新的战略项目，那里是最能迅速培养人的地方。③培养综合性人才。华为讲究让每个人做好螺丝钉，让华为这台机器能运转起来，但从长远看，单一知识结构的专家并不利于推动企业发展。战略预备队需要从战略出发，对人才的全面发展提出具体要求，单一业务专家就容易发展成复合业务专家。

战略预备队的学习内容最主要的就是"训战"结合。从市场部门开始，逐步扩大到研发、流程管理、财经等各个体系，各领域摸索出一套训练模型，针对各自的战略目标制定不同的训练内容。也有一些提炼出来的公共训练模式，可在华为内部公共的训练平台学习训练。

所有的学者都希望培养出青出于蓝的学生，所有的将军都希望自己的士兵少流一点鲜血。任正非真正地为员工的未来着想，能始终让员工充满活力，这是避免突遇休克最好的方法。

第四节
华为十六条军规

一支军容整齐的队伍会让人肃然起敬，一家充满文化的企业会令人无比向往。任何一家企业如果有华为这样如狼似虎、奋勇拼搏、吃苦耐劳、披荆斩棘的团队，无论做什么都会一往无前的。所以，企业需要有企业文化，使上下团结，默契配合，心往一处想，力往一处使，什么样的目的都可以达成。

但是，企业文化如何形成？这绝非一件容易的事，那些指望通过培训就能把企业文化植入员工头脑的想法绝对是痴人说梦。文化涉及人与人之间的关系和行为。原始时期没有文字，有了语言才出现了文字，这就是文化的发展，现在和今后的数字化，也是文化的发展。在语言、文字和技术上形成特定的方式，才可以称之为 ×× 文化。华为有很多特色用语，例如友商（对竞争对手的称呼）、床垫（午间休息）、灰度（相互妥协，不要非黑即白）、片联（销售片区联席会）、机关（总部的部门）、电子流（计算机办公审批）等，这些用语只在华为公司通行，公司以外的人不知所云，所以企业就有文化边界。举例来说，几乎所有企业都将计算机展示的幻灯片称为 PPT（因微软 Office 软件文件格式而得名），在华为则称为"胶片"（在 Office 流行之前，华为用胶片投放幻灯片），任何一名外聘人员如果用 PPT 来表述，自己都会觉得别扭。企业文化不是要学别人，而是自己能够不受别人影响，自成一派。华为提倡艰苦奋斗，每一个去了华为的人都变得能够艰苦奋斗，并接受艰苦奋斗的文化。如果可以建立一个"快乐奋斗"的企业目标，不图名利，不求多高的回报，保持身心健康，平安度过一生，这也是一种文化。

　　无论是"艰苦奋斗"还是"快乐奋斗"，企业文化既是企业最高的目标，也是企业经营要求，但不是把"艰苦奋斗"挂在嘴上就真的能够艰苦奋斗，而是要把艰苦奋斗落实到具体的规则中，企业文化才能慢慢落地。例如华为要求员工签署一个奋斗者协议，自愿放弃带薪年假（但有加班补偿，不影响请假），服从公司的工作指派；而作为奋斗者，他们有购买公司股份参与分红的权利。这是一项把艰苦奋斗与利益挂钩的政策，员工想的可能不是艰苦奋斗，而是多参与一点分红，但无形中就会为了自己的利益而接受艰苦奋斗的观念。此外，干部选拔倾向于艰苦地区，外派补助大比例发往艰苦地区，各种考核、奖励侧重艰苦奋斗的员工……诸如此类，一项项措施就是文化的具体形式，最后形成企业文化。

　　为什么企业文化的落地需要用这些"低俗"的方法？因为我们把企业文化拔得很高（当然也应该拔高）就让它变得抽象了。对于很多人来说，生活的压力、家庭的需求、事业的基础本来就已经让他们很艰难，不用驱动，他们一直就在奋斗中。此时提倡"艰苦奋斗"，如同在一头已经在辛苦耕耘的老黄牛身上再加一鞭子。如果要发挥他们的潜力，必须从他们最切身的关注点出发，让他们成为"高贵"者之前，首先要立足于"低俗"的方法。

　　中国工农红军最著名的思想教育就是"三大纪律八项注意"。对于大部分士兵来讲，如何把一条真理延伸到各种行动中呢？显然是很困难的。但用"三大纪律八项注意"总计 11 条要求就容易多了，所有内容都那么具体明确，三大纪律是：第一，一切行动听指挥；第二，不拿群众一针一线；第三，一切缴获要归公。八项注意是：第一，说话和气；第二，买卖公平；第三，借东西要还；第四，损坏东西要赔；第五，不打人骂人；第六，不损坏庄稼；第七，不调戏妇女；第八，不虐待俘虏。具体怎么做的细节还编成了歌曲，朗朗上口，有效地建立了人民军队的军风。

　　当代的美国军队也有类似的军规。与中国军队不同的是，美军的军规并非高层制定的，而是在军队基层形成的一些广为流传的警示语，类似现在的网络热词。最新流行的美军《22 条军规》是：

第一条　你不是超人；

第二条　如果一个愚蠢的方法有效那它就不是愚蠢的方法；

第三条　不要太显眼，因为那样会引人攻击；

第四条　别和比你勇敢的家伙待在一个掩体；

第五条　别忘了你手上的武器是由出价最低的承包商制造的；

第六条 如果你的攻击很顺利那你一定是中了圈套；

第七条 没有任何计划能在遇敌后继续执行；

第八条 所有 5 秒的手榴弹引线，都会在 3 秒内烧完；

第九条 装成无关紧要的人（因为敌人的弹药可能不够了，他只会打重要的人）；

第十条 那支你不加注意的敌军部队其实是攻击的主力；

第十一条 重要的事总是简单的；

第十二条 简单的事总是难做的；

第十三条 好走的路总会被布上雷；

第十四条 如果你除了敌人什么都缺，那你一定在交战中；

第十五条 飞来的子弹有优先通过权（挡它的道你就倒大霉啦）；

第十六条 如果敌人在你的射程内，别忘了你也在他的射程内；

第十七条 要一起用才能生效的装备通常不会一起运来；

第十八条 无线电总会在你急需大力支援时断掉；

第十九条 你做的任何事都有可能让你挨枪子儿——什么都不做也一样；

第二十条 唯一比敌方炮火还精确的是友军的炮火；

第二十一条 专业士兵的行为是可以预测的，但世上却充满了业余玩家；

第二十二条 当两军都觉得自己快输时，那他们可能都是对的。

金一南将军为华为作报告时提到了美军《22 条军规》，这在华为引起了很大的反响。在没有官方组织的情况下，华为员工们效仿美军，也在内部网络上评选出"华为军规"，起初 16 条，后来陆续有了 18 条、21 条、22 条等不同版本。华为 2016 年正式签发的《十六条军规》的版本也有很高的参考价值：

第一条　永远不要低估比你努力的人，因为你很快就需要追赶他了。

第二条　如果你的声音没人重视，那是因为你离客户不够近。

第三条　最简单的是讲真话，最难的也是。

第四条　你越试图掩盖问题，就越暴露你的问题。

第五条　造假比诚实更辛苦，你永远需要用新的造假来掩盖上一个造假。

第六条　公司机密跟你的灵魂永远是打包出卖的。

第七条　从事第二职业的，请加倍努力，因为它将很快成为你唯一的职业。

第八条　在大数据时代，任何以权谋私、贪污腐败都会留下痕迹。

第九条　不要因为小圈子，而失去了大家庭！

第十条　如果你想跟人站队，请站在客户那队。

第十一条　忙着站队的结果只能是掉队。

第十二条　那个反对你的声音可能说出了成败的关键。

第十三条　如果你觉得你的主管错了，请你告诉他。

第十四条　讨好领导的最好方式，就是把工作做好。

第十五条　所有想要一夜暴富的人，最终都一贫如洗。

第十六条　遵纪守法，磨好自己的豆腐，发好自己的豆芽。

从"三大纪律八项注意"到"华为十六条军规"，我们应该体会出什么是最可爱的人。魏巍笔下《谁是最可爱的人》告诉我们，他们是一群可歌可泣的英雄，华为《十六条军规》告诉我们当代每一个人都可以学习和做到成为最可爱的人。他们不是军人，但仍有军魂，做最"低俗"的事，成就最"崇高"的事业。

第七章

干部的烈火洗礼

干部选拔的最高标准是实践。我们强调要从有成功经验的人中选拔、培养，反对纸上空谈。

——任正非

CHAPTER 7

　　军队要管好兵，更要管好将，对应企业管理就是要管好干部。"干部"是骨干部分的意思，因此干部是企业的支撑，有了干部，企业才能屹立不倒。

　　"干部"一词从日本传入中国后，基本在军队和政府中流传，而在企业中并不常用，很多企业用的是西方管理学的"管理者""首席执行官""经理人"这样的词语。华为使用"干部管理"是有红色基因传承的因素，早期华为的人力资源部就叫"干部部"。

　　"干部"与"管理者"有何区别？从企业的工作岗位上讲似乎是一回事，但对人的要求不一样。一个岗位的要求和职责明确以后，就要找能够与之匹配的管理者，也就是招聘。但是干部则不同，是要一步一步"干"到这个岗位的。因此干部管理的重点是如何从内部培养骨干，逐步提升他们的能力，打开他们向上发展的职业通道。

第一节
素质模型的突破

西方企业界公开外聘高层管理者是司空见惯的。例如惠普聘请来自 AT&T 和朗讯的卡莉·菲奥莉娜担任首席执行官，雅虎聘请来自谷歌的玛丽莎·梅耶尔，诺基亚则聘请来自微软的史蒂芬·埃洛普……然而，结果又是怎样？菲奥莉娜延续拆分 AT&T 和朗讯的招数，继续对惠普拆拆并并，大玩资本运作，使曾经最具创新力的惠普脱实向虚，散了架子；梅耶尔从谷歌带来很多创新思想，但不聚焦，没有为雅虎搞出一丝亮点，使曾经的巨无霸落到被收购的下场；而家喻户晓的诺基亚却在埃洛普"淡定"的领导下，宁可等待还没影的微软智能手机操作系统，也不愿抓住智能手机转型的关键期，结果自毁长城。

当然，我们不是说外聘这种方式不好。春秋战国时期跨国聘用将相非常普遍，促进了文化交流和历史发展，但是我们也要看到其中存在的风险。空降一个有经验的管理者当然可以迅速解决岗位空缺问题，但受聘者过去的经历是否保证还会成功？新的磨合期是否能够快速解决空岗问题？空降管理者这种做法是否会影响现有团队的积极性？

华为显然关注了此类风险，所以历来注重从内部培养干部。在谈到华为不聘用外籍人员担任 CEO 时，任正非分析说："第一，外籍员工必须要具备这个能力；第二，外籍员工必须在华为公司工作 25 年，从基层一层层升上来，才能了解整个公司的结构。有些西方公司 CEO 像'走马灯'一样换，换几次，这个公司就没有了。因为这个 CEO 不了解基层实际情况，以为喝喝红酒、谈谈哲学就能领导公司。"同时他还对记者风趣地表示："欢迎你们给我们推荐 CEO、董事长人选，可以先派遣到非洲去，到科摩罗岛上去'一人一厨一狗'地锻炼，再到有些地方进行技术锻炼，完全知晓华为业务，将来也有可能上来。"显然，按照任正非的要求，华为的高管几乎要从毕业就开始在华为工作，并且相当长一段时间是去条件艰苦的地区当苦行僧的，这基本上给空降高管们关上了门。

当然，华为并非不招外部专家和管理者，招进来的待遇也不比高管差，但从华为董事会成员等高管队伍看，他们一直都是伴随任正非创业脱颖而出的股肱之臣。宋太祖赵匡胤杯酒释兵权后留下一个文治的北宋，虽然经济繁荣、文化发达，但没有强大的军队自然保不住江山。华为历经二十多年的变革，从人治变为依靠流程管理，引导创业元老改变管理模式，把"将军"培养成"元帅"。

企业的人力资源管理有一个普遍性的问题，就是选用人才的标准是什么。业界普遍认为，存在一种"素质模型"，例如麦克利兰的素质模型、管理者胜任特征模型、四种能力论等，分别从不同的理论出发提出考察的标准。这些理论通常是相对于普遍情况而言，但在操作上却不容易下手，例如什么是领导力、什么是影响力、什么是商业敏感。例如对于史蒂芬·埃洛普坚持等待微软智能手机操作系统一事，谁又能提前论证出他的商业思维存在问题呢？而玛丽莎·梅耶尔为雅虎规划了许许多多新项目，即便她的商业敏感性很强，就能是一名称职的CEO 吗？

2015 年，世界最知名的素质模型公司合益集团（Hay Group）被光辉国际收购，曾引起人力资源管理圈子的热议。有些人认为这代表"素质模型"时代的结束，而另一部分人认为咨询公司的存亡不影响素质模型理论的正确性。实践是检验真理的唯一标准。其实，华为就是突破"素质模型"的窠臼，走出一条"岗位角色模型"的道路。

合益集团原本也是华为最早的老师。早在 1997 年，华为便邀请它参与谋划人力资源开发与管理系统的规范化变革，比华为与 IBM 的合作还要早。在合益集团的帮助下，华为逐步建立并完善了职级体系、薪酬体系、任职资格体系、绩效管理体系，以及各职级系列的能力素质模型，逐渐形成了成熟的干部选拔、培养、任用、考核与奖惩机制。华为在实践中发现素质模型不太好用，要精准地落实是非常困难的，缺乏实用性。实际上，最需解决的是能够满足"工作"的需要而不是"人"需要什么样的能力，于是华为将目标瞄准岗位职责和角色要求，以此来匹配所需要的人。

例如华为要选拔一个外派驻某国的总代表（指某个国家销售区域的总经理），按照素质模型就要考察候选人的管理技能（包括团队领导、决策能力、信息寻求、市场意识等）、个人特质（影响力、自信、成就欲、主动性、分析思维、概括性思维等）、人际关系（包括人际洞察力、发展他人、关系建立、社会责任感、团队协作等），这种复杂烦琐的操作简直比选太子都难。当然，很多企业可以象征性地操作一番，但华为要么不做，要么就会做彻底。华为的做法是直接刻画这个角色的模型要求：制定和执行战略的领导者、跨文化高绩效团队的开发者、资源整合与建设的主导者等。这些角色生动形象，易于识别，可以从候选人过往的经验、影响力、战略思维表达等关键事件中验证相关信息。

这就能说明为什么华为注重从内部选拔干部，因为从战争中来到战争中去，过往的战功更能说明与岗位角色要求的匹配性。那些具有高素质标签的人才华为也是欢迎的，只是都必须用战功说话。华为不会重蹈惠普、雅虎、诺基亚的覆辙，因为它们从根本的基因上就不同。

第二节
干部选拔

在任正非看来，管理企业的关键是要管好干部。干部是纲，员工是目，纲举才能目张，公司才具备凝聚全体员工的核心力量，是公司决策得以落实的重要环节和有力保证。华为的成功，人们往往首先归结为人力资源的成功。但如果深挖一步，其实是因为做好了干部管理工作。

很多企业也当然知道管理者的重要性，但是如何才是真正的"重视"？大多数人认为需要培养管理者，不能因为他业绩不达标就轻易放弃，否则管理岗位的工作谁来干？换一个人就能干好？但是华为认为干部要靠"选拔"。干部能力提升是必要的基础，但是最终的选用也要靠干部自身的努力，因此一方面要推一把，另一方面还要选一下，找出最好的种子。

如何选拔？华为的干部选拔最根本的一点就是瞄准实际工作。孙子说："将者，智、信、仁、勇、严也。"这些要素如何衡量呢？

华为干部选拔有四个标准：一是要以核心价值观为基础。这个核心价值观是以客户为中心，以奋斗者为本，长期坚持艰苦奋斗，坚持自我批判。这个核心价值观拒绝一切以领导为中心的选拔标准。二是要有品德和作风的底线。在选拔干部的时候，要看品德，不唯才是举。不符合道德要求的干部要一票否决。具体操作中，道德标准可以分解成一些可考量的行为，如是否拉帮结派，有没有讲真话，是否耐得住寂寞、受得了委屈等。三是以绩效为必要条件。只有绩效前25%的人可以被选拔为干部，而评价绩效的标准是要以结果为导向，对客户是否产生贡献。四是要考察应具备的能力。虽然素质模型不是唯一考核标准，但仍然计入部分考量比例。华为制定了领导力模型，涉及客户能力、公司能力和个人能力三大核心模块的9个关键素质，称为"干部9条"，评价干部素质时不能抽象、笼统、含糊，而是必须基于具体事例。

经过实践之后，华为的"干部9条"慢慢演化成了"干部四力"，也就是决断力、理解力、执行力和人际连接力。要求高级干部具有比较强的决断力和人际连接力，中层干部要有理解力，基层干部要有执行力。

有了干部选拔标准后，干部选拔的程序也十分重要。有了程序就能体现民主，内部就能够团结，队伍就能打胜仗。华为在干部选拔过程中采用的是"三权分立"的方式，这三个权利是建议权、评议权和否决权，涵盖了从提名、发起建议、组织评议、最终审核到决议复核的各个阶段。三个权利分别由不同组织行使，相互制衡，实现民主决策的目的。

华为各个管理层级里都有一个AT（行政管理团队）和ST（经营管理团队），ST由各部门一把手组成，代表各个业务部门形成的领导集体，AT 则是从 ST 中选拔的最富有管理能力和经验的领导者，通常是这个层级组织的最高级干部。干部选拔的建议权由日常直接管辖组织的 AT 行使，由他推荐的另一方行使建议否决权。评议权由促进公司能力建设与提升的组织来行使，也就是华为培训中心。审核权由代表日常行政管辖的上级组织来行使。否决权和弹劾权由能考虑全局性经营利益和长期发展的组织行使，实际上就是党委。否决权和弹劾权要有依据，例如接到举报要经过调查核实。

华为的干部选拔有严密的流程，但为满足快速发展的业务需要，实际的干部流动性比一般员工还快。俗话说，铁打的营盘流水的兵，在华为这句话是倒过来说的，是流水的领导铁打的兵，所以员工拍马屁是没有意义的。干部的流动使他们进入不熟悉的新领域是经常的事，也恰恰是华为所鼓励的。例如华为经常让有一线业务经验的人去管理人力资源，甚至管理财务，也鼓励后台部门的干部走向一线，华为称为"掺沙子"，使企业形成牢固的混凝土。所以，对于赴任新岗位的干部华为会给予一定的照顾，允许有 90 天的转型期，学习和补充必要的知识，之后还会进行半年的在岗实践，再进行述职、答辩，完成华丽转身。所以，大学是培养博士的摇篮，而华为是培养"将军"的摇篮。

华为的干部选拔不排斥能上能下的精神和文化。一位干部一旦转型上岗后，并不意味着他的路会越走越平坦。实际上，他面临的考核不再基于原来的团队，而是同其他团队里脱颖而出的干部进行比拼。华为每年会对干部进行末位淘汰，这种淘汰是分层进行的，高层、中层和基层都有 10% 的淘汰指标，不是身居高位就有安全感。在"烧不死的鸟是凤凰""从泥坑里爬出的是圣人"感召下，华为的干部们早已学会以身作则，严格要求自己，工作上脚踏实地，一丝不苟。

第三节
继任者计划

一个组织永远需要一个备胎，正如美国副总统那样的角色。他平时并没有多少实权，主要的任务就是在总统出现意外时立即接替总统的权力，使国家不至于陷入混乱。同样，企业也需要继任者制度，可称为继任者计划（Talent Succession Planning，简称 TSP），是指企业发现并追踪具有高潜质的雇员的过程，为首席执行官、副总裁及职能部门、业务部门的高层经理等职位寻找并确认具有胜任能力的人员，作为组织核心储备的人力资本，涉及人力资源培训与开发、职业生涯管理和绩效测评等方面。许多企业用这种方法实现企业权力的交接，例如当年 GE 的 CEO 杰克·韦尔奇，用了八年时间选出他的继任者杰夫·伊梅尔特；艾伦·库尔曼（Ellen Kullman）在杜邦接任 CEO 前就被认为是极具潜质的继任者，由前任查尔斯·哈勒德（Charles Holliday）对库尔曼进行指导，并给她布置一些挑战性的任务，最终由哈勒德到库尔曼的交接十分成功。

华为自然也十分重视继任者计划。不过，华为不仅仅是为了确认交接班的问题，而且是考虑得更有长远性，是从业务发展的角度去设计这项计划。换句话说，华为的继任者计划首先不是为了人的交接，而是为了业务的连贯性而进行人才梯队建设。华为的干部转岗频繁，很少会长期坚守某个岗位，所以自上岗之日起就要物色和培养接班人，保障业务连贯性。1979 年对越自卫反击战虽然中国军队取得胜利，但仍然暴露出很多问题，其中一点就是战场指挥员牺牲后，部队群龙无首，战斗力迅速下降。在总结一系列问题后，邓小平大刀阔斧地开启了军队的现代化建设，逐渐建起强大的国防力量。临阵换将一般是兵家大忌，但华为通过继任者计划努力攻克这一难题。任正非说："一定要具有人才可替代性，不能产生人才稀缺性，所以我们一直贯彻'多梯队、多梯次'管理。我们要有计划地培养多梯队、多梯次人才，朝着同一个方向，几个梯队同时冲锋，当一个梯队冲不上去时，换另一个梯队继续冲锋。将人才管道变长、变粗，其实不产生浪费问题，因为每层梯队的继任者都是实战者。"

在继任管理上，人力资源部作为选拔和培养干部的部门需要与业务部门通力合作，根据业务的特点、业务当下的需求及未来的发展，制订相应的继任计划。具体的做法是：

首先，需要识别出各业务的关键岗位。关键岗位指对公司现在的业务运行和未来的业务成长至关重要的岗位，这些岗位人才流失会对业务造成重大影响。为了更好地建立领导人才队伍，华为将关键岗位继任者的实施方案分为 10 个步骤：（1）明确关键岗位；（2）盘点各关键岗位的继任梯队；（3）规划预期的干部变动；（4）明确可输出干部名单；（5）挑选高潜质干部名单，明确培养措施；（6）确定高潜质本地干部的培养计划；（7）继任计划总结；（8）明确战略和业务发展对干部梯队建设的需求，确定干部梯队的特征；（9）制定地区继任干部梯队建设的目标和整体策略，落实重点个体举措；（10）制订后续执行计划。华为开发和引进了一系列干部管理工具，有效落实干部继任、干部能力提升、干部任用等方面工作。例如，为了更加准确地判断业务部门关键岗位的人才需求，根据各业务部门的发展情况，华为实行年度干部任用决策（Annual Appointment Decision，简称 AAD）。华为创造性地制定相关流程，使各级 AT 能快速地集中讨论审议 AAD 方案，审视每个关键岗位潜在干部人选情况，调整人力资源部署，补齐短板，落实能力提升计划，有效提高干部任用决策的效率和质量。通过这些工具，华为公司持续提升管理干部的水平，更好地支撑相关业务的发展。

其次，明确各关键岗位的继任梯队。业务部门识别出关键岗位后，华为通常会对关键岗位的继任梯队进行盘点，看哪些干部和员工有能力接任关键岗位，哪些具备潜力但还未达到岗位要求。华为按照继任能力准备程度将继任梯队的人才分为三个等级，分别是 Ready-now、One-job away、Two-job away（见表 7-1）。华为的继任梯队等级划分也借鉴于 IBM 的模式，一般采用继任管理关键岗位表进行管理。

表 7-1　华为继任管理关键岗位表

职位	岗位数	现任 （已任命）	Ready-now	One-job away	Two-job away
X1 地区部					
X2 地区部					
X3 地区部					
X4 地区部					
X5 地区部					

岗位表里，Ready-now 是指签字继任者已经达到担任目标岗位工作的全部标准，可以采用"聚焦精准"的策略对其赋能，甚至可以直接

让他履行岗位职责，在实践中学习和提高；One-job away 指距离目标岗位标准还差 1—2 项关键能力，需要 1—2 年的时间进行提升，可以采用"聚焦发展"的策略，为其制订未来 1—2 年有针对性的个人培养计划；Two-job away 指欠缺比较多的关键能力，但已经表现出一定的潜力，需要 3—5 年的时间去提升，可对其采用"聚焦潜力"的策略。

再次，为高潜力者制订培养计划。任正非指出，针对高潜力者，在培养方面可以采用共性培养和个性培养相结合的方式，共性培养包括送读 MBA（工商管理硕士）、领导力和团队管理技能培训，个性培养包括给予授权、导师制和轮岗制。继任候选人的培养是整个继任者计划的关键，华为充分考虑自身的实际情况，并大量借鉴国内外知名企业的成功经验，确保华为内部的高潜力者顺利成长。

知识就是力量

知识管理是一个过程，个人通过这一
过程学习新知识，获得新经验，并将这些
新知识和新经验反映出来，可增长个人的
知识和增加机构组织的价值。

——彼得·德鲁克

CHAPTER 8

　　从军事技术发展的角度讲，美国军队是值得学习的。军事才能平平的华盛顿带领脱胎于民兵的美国大陆军，在法军的支援下才赶走了英军，建立了美利坚合众国。此后，经过两次世界大战的历练，美军率先运用高科技进行远程精准打击，改变了从平面到立体的战争模式。在这一过程中，不断地学习和进步是美军发展的动力源泉。

　　美国文化强调崇尚"美国队长"式的异于常人的超级英雄，即便傻里傻气的"阿甘"也能独当一面，不断突破自己。这种文化能够激发个人的创造力，很多经典的战术和发明就来自基层士兵，例如 GPS 在战场上的首次应用就来自一个美军士兵的灵感。

　　美军士兵的单兵能力是强调服从、统一管理的军队应该适当借鉴的。作为士兵，不应简单地执行命令，也要有发明创造的能力，具备这种能力的基础就是要广泛掌握知识。

第一节
什么是知识？

知识改变命运，学习改变人生。中国人一般对孩子的期望就是考上一所好大学，依靠知识改变命运。然而，很多优秀的大学生毕业后业绩平平，反而比较普通的学生，当年的学习成绩并不优异，但事业却能越来越兴旺。这是怎么回事？

其实，知识并非在大学完全学会，很多知识来自生活积累。大学里学的只是一个专业，这可能会成就一个人，但也可能会害了一个人。能够走专业研究道路的毕竟是少数，大多数人面临的是错综复杂的大千世界，需要具备综合技能。

007 为什么厉害？因为他什么都会。但那是电影里的人物，现实中这样的人从哪里去找？可以去军队里找！看看美国西点军校四年制本科学员的课程，共有 40 门，其中 30 门为必修课程，主要有数学、工程、英语、历史、社会科学、心理学、国家安全课。10 门选修课包括基础科学、应用科学、工程学、人文学、国家安全事务与公共事务等。中国的国防科技大学设置的课程也是涵盖哲学、法学、经济学、军事学、教育学等门类。由此看出，军事院校并非只教打仗，而是讲究多学科学习，因为军事是最复杂的，任何学科都可能引起军事战略、战术和技术上的突破。孙子说："凡战者，以正合，以奇胜。故善出奇者，无穷如天地，不竭如江海。"因此军事的发展有特殊性，不是追求一种固化的模式，而是要不断创新，而创新的方向本身就不确定，可能在天上，也可能在地下，可能是有形的武器，也可能是无形的心理战，可能雷霆万钧，也可能润物无声，因此不断学习是军队强大的唯一保障。

华为每年在现有体制下招录各种专业的毕业生，还从社会上招聘具有一定实践经验的管理者和员工。但是，专业分类的限制始终是制约业务发展的障碍，因此，他们将在华为这个大熔炉里继续锻炼。任正非非常鼓励打破专业界限，走混合发展的道路。他对研发人员说："如果市场不懂技术，怎么与客户沟通呢？新员工在研发工作的前两年原则上不流动，第三年开始考虑这个问题。所以，希望每个人珍惜在研发的机会，完整地完成一个小合同、小项目，一定要有成功的实践经验，就会有决断能力；有了研发经验，然后走向市场，在我们和客户之间的界面实践就可以放大你的认识和看法。"他对财务人员说："财务一部分是'财'，一部分是'务'。""务"就是指要懂业务，为业务提供专业的服务与支持。如果财务人员不懂业务，那只是算账的，叫会计员，不叫财务。PFC（Project Financial Controller，指协助项目经理进行项目经营管理的财务人员）去一线，就是为了在最年轻、最空白、最有朝气的时期去熟悉业务与财务的混合管理。他对人力资源管理人员说："人力资源如果不懂业务，就不会识别哪些是优秀干部，也不会判断谁好谁坏，就只会通过增加流程节点来追求完美。对于不懂业务的 HR（人力资源），华为的做法不是干掉你，而是干掉你的权力。"所以，学校培养出来的专业人才最初大多达不到华为的要求，要在工作中边干边学，成为综合性有用之才。

华为培育综合型人才的措施包括组织设计和人才交流两个方面。从组织设计上讲，每个部门的设计除了本职专业之外，还要做好与其他业务部门的对接。例如对于某个研发部门而言，除了做好研发工作外，还设置专职岗位或者小部门分别对接公司的营销、供应链、采购、服务管理、财经管理、人力资源管理等职能部门，客观造成了研发部门也有非专职研发的人员。这种形式极可能在研发体系中培养出非研发专家。例如华为公司早期的市场部门（Marketing）并不十分强大，很多能力发育不全，导致很多营销范围的工作不能全部承接，在产品宣传和说明资料的编写、市场活动组织、定价策略等方面尤其滞后于兄弟公司。在这种情况下，华为的研发部门不等不靠，他们在自己内部成立营销工程部，相当于"代孕"了一个营销管理部，等到公司的市场营销部门逐渐发育成熟，可以逐步接手这些工作，研发部再将内部营销工程部的职能"还给"营销部门。还包括培养起来的业务人员，这些人员此时已经是营销专家了。

华为的内部人才交流包括干部轮岗在内的内部人才市场建设。任正非表示：干部循环和流动不是一个短期行为，而是一个长期行为。华为逐步使内部劳动力市场逐渐走向规范化，就要加强这种循环流动和培训，在螺旋式上升中提升自己。户枢不蠹，流水不腐，人才在流动中开阔了眼界，增长了经验，相互交流，就能迸发出无穷的智慧火花。例如华为的最高管理层曾经是轮值 CEO 团队，每半年轮值一次，就是让代表不同业务领域的高管轮流担当最高决策者，既不会破坏华为公司战略和政策的连续性，又反而能促使每一个领域的管理者看问题能更全面，决策质量更高。

英国皇家军队随军牧师托马斯·富勒说："知识是珍宝，但实践是得到它的钥匙。"他虽然是神职人员，但也用他的哲理引导军队的精神更加坚定。华为的成功在于始终不渝地学习和成长，从大手笔向西方企业学习，到优化和创新自己的管理经验，从组织设计到人才培养，从业务创新到生态建设，处处体现知识就是力量的真理。

第二节
七个反对

　　培养员工的学习热情还只是第一步，第二步要防止脱离实际的盲目学习。当学习的气氛蔚然成风，人人都在不断完善和丰富知识时，就容易走向另一个极端——追求华而不实。唐宋文化走向鼎盛，也是国家衰落的开始，因为整个国家重文轻武，国防建设必将废弛，一旦外敌来侵，就没有抵抗的力量。

　　华为向 IBM 学习西方管理之初，公司员工普遍存在消极情绪，认为西方企业制度不适合中国国情。任正非此时要求大家削足适履，提出"先僵化、后优化、再固化"的方针，在学习中体会、理解，直到掌握和优化。在这样的要求下，反对变革的人离开岗位，支持变革的人走上舞台，于是，许多人积极投身到流程建设中来。但是，好学生总是一个劲地往死里学，往往就会学过头，流程不顾实际，一味地僵化，让执行人员无所适从，矛盾激化，业务混乱。为制止这种僵化的学习之风，任正非在 2008 年提出了"七个反对"的观点。

　　这"七个反对"是：①坚决反对完美主义；②坚决反对烦琐哲学；③坚决反对盲目的创新；④坚决反对没有全局效益提升的局部优化；⑤坚决反对没有全局观的干部主导变革；⑥坚决反对没有业务实践经验的人参加变革；⑦坚决反对实行没有充分论证的流程。这七个反对全面制止了学不致用、华而不实、舍本逐末、滥竽充数的学习之风，使华为始终保持在面向实战的状态。

军队由士兵组成，不是专家团队。士兵打仗用的是士兵脑袋中的知识，这些知识不需要太高深，不可能人人成为专家，因此专家传递给士兵的知识不可能都消化得了，他们能接受多少是多少，关键是让知识能用于实战，这就可以发挥出士兵们最大的作用了。

郭士纳接手IBM后的改革最突出的一点就是放权于基层，让基层团队以客户为中心，自我寻求突破。为了解决各种实际问题，IBM的团队自己想办法，寻找各种管理理论进行探讨。IBM的员工毕竟不是顶级学者，对那些高深的管理理论不可能完全理解，但他们从可落地的实践角度出发，在自己能够理解的基础上选择性学习，并在实践中反复提高。所以，华为明显感觉到IBM的方法很实用，不像其他咨询公司那样引经据典，而能直截了当地告诉华为要怎么做。所以，像IPD，ISC，BLM等方法都是在IBM顾问的指导下，结合华为实际情况，在注重实践、去伪存真、确保可操作的前提下逐渐摸索出来的。

基于任正非提出的"七个反对"，华为迅速调整管理变革的基调，朝适合自己的方向加速前进。由于反对完美主义，华为的业务"方向要大致正确，组织要充满活力"，不在非战略机会点上消耗精力，聚焦主航道奋勇前进。由于反对烦琐哲学，华为制定了主干清晰、末端灵活的流程体系，既抓住要点，又灵活实施，并适时推行落日法则。由于反对盲目创新，严格执行产品及业务的投资论证，实现科学决策，也让业务能够高质量地发展。由于反对不能提升全局效益的局部优化，加强了集体领导，营造了相互协同的工作氛围和企业文化。由于反对没有全局观的干部主导变革，明确和完善了干部选拔机制，围绕业务作战建立健全的人力资源管理体系。由于反对没有业务实践经验的人参加变革，促进了人员流动，努力学习的氛围和机制，指导华为员工迅速成长。由于反对实行没有充分论证的流程，华为的流程和制度建设能更好地指导实践，使华为的管理和业务能力进入良性循环的迭代发展通道。总之，任正非的"七个反对"是华为管理发展史上一个重要的里程碑，是华为管理"先僵化、后优化、再固化"的又一个转折点。前一个转折点是开启学习西方管理的旅程，但鉴于当时的情况，不得不提出"先僵化"的思路。但僵化不是"僵而不化"，而是先"僵"再"化"，最终需要"化"为自己的东西，所以"七个反对"是在关键时刻再次调正了航向，把"过正"的方面扳回来。

任正非的"七个反对"犹如一套刹车系统，这是华为发展必不可少的组成部分。身处知识大爆炸时代，企业很容易迷失方向。刹车系统不是让车子停下来，而是在多岔路口速度放缓一些，看清道路后再前进。知识要学，也要有选择地学，系统地学，有目的地学，瞄准商场上的实力竞争，化繁为简。避免完美主义才是真正的完美，是至高的管理境界。

第三节
知识管理的导向

现代企业处在知识经济时代，能够有效地做好知识管理是提高竞争力的重要保障。企业比拼的是战略决策力、产品先进性、人才凝聚力等因素，综合起来就是整个企业的知识水平，能有效地管理好企业的知识体系，与拥有积极向上的企业文化同等重要。因此，除了要促进员工更好地学习知识，企业也应当注重知识管理体系的建设。

什么是知识管理？通常被定义为在组织中构建一个量化与质化的知识系统。让组织中的资讯与知识透过获得、创造、分享、整合、记录、存取、更新、创新等过程，不断回馈到知识系统内，形成永不间断的组织智慧，在企业组织中成为管理与应用的智慧资本，有助于企业做出正确的决策，以适应市场的变迁。可以一句话概括为：知识管理是对知识、知识创造过程和知识的应用进行规划和管理的活动。

知识管理的重要性不言而喻。许多企业也想落实好这项工作，往往开始干劲很足，但见效甚微，所以难以持续。原因在于将知识管理体系构造成了"内部图书馆"，知识管理的建设与实用脱节，这就难以为继了。华为的知识管理始终保持平台和业务应用同步发展的模式，特别是在 2008 年以后，在研发、服务等领域分别成立了知识管理专职团队，主动积极地推动各个专业领域的知识管理应用，收到了显著的效果。

华为的知识管理体系建设不只是建立"内部图书馆"，更使业务部门真正从知识管理角度考虑怎样解决实际问题。例如 2012 年研发部门开发新款路由器 5600T 时发现，与之前版本相比，新产品质量指标大幅下降，原因在于新特性多、场景复杂、测试压力大，导致不能很好地确保产品质量。经过对公司内部知识管理相关网站的查询，发现 2012 实验室的一个团队开发了一款测试自动化的产品 HUTAF（有个很好的中文名叫"蝴蝶"），并开辟了针对它的专题知识共享平台。在 HUTAF 的帮助下，5600T 的测试工作十分顺利，原来要 90 分钟才能开发的一个测试用例，后来只要 10 分钟就能迅速解决问题。

销售领域也是一样。他们建立了投标社区，由公司投标能力中心牵头，为所有投标人员提供一站式知识获取、经验交流、求助答疑等平台。例如2013年，北非销售地区部的业绩不理想，地区部总裁召集研讨会时认为，北非地区部的一线项目经验比较薄弱，但中国地区部有很多好的做法，可以传递给海外销售部门。于是通过投标社区，查阅该区域针对客户各种问题的应答经验。此外，北非地区部虽然整体存在问题，但仍然有少数突破性经验更值得在地区部推广。例如竟然在埃塞俄比亚率先突破销售纪录，到底是怎么成功的？有什么经验和教训？都值得其他项目学习借鉴。于是，地区部完完整整地做了经验的收割，总结资料，拍视频，把项目的背景、做法、反思都梳理清晰，上传到内部交流平台，提高整体的销售水平。

在服务交付领域，建立了为所有交付项目经理提供知识获取、经验交流、求助答疑的一站式平台。例如在德国电信公有云云网协同项目交付准备阶段，遇到的最大困难是公有云集成的问题。例如待集成服务底层 UI 框架与公有云框架不一致导致无法集成，鉴权系统流程已经是完整闭环，还需要接入公有云的鉴权系统中实现流程集成；业务流量需要通过公有云基础组件框架进行导入，开发人员不熟悉公有云的业务，在实施过程中无从下手；项目对公有云依赖组件没有投资关系，导致项目开发步履维艰。后来，项目组通过交付项目管理社区，找到了公有云设计团队，沟通并寻找到解决方案。

由此可以看出，华为的知识管理注重有意识地形成业务团队的交接棒，而且更看重交棒，让已经获得经验的团队和员工能够主动地总结和输出知识。这需要各个部门的联动，为此华为设置了一定的奖励和考评，而业务部门也的的确确从中获得收益，故愿意积极推动。知识管理这种边缘性的工作，在实战的引导下，就这样被做得有声有色。

第九章
奇正之间的战术要义

战势不过奇正，奇正之变，不可胜穷也。

——《孙子兵法》

CHAPTER 9

　　一个企业的成功，离不开战略的把控，但仍然不能不提到战术的作用。如果基层不懂战术，就如同巧妇难为无米之炊的状态。正规部队在执行战斗时会运用一定的战术，选点占位、攻防配合、手势信号等配合都十分默契。每一个企业都希望有这样的队伍，能够机制灵活地解决问题，但是灵活的基层团队也可能成为脱缰野马，所以企业自身也要有战术管理的能力。

　　战术的本质就是团队协作。个人也要有战术能力，但那是有局限性的，毕竟一头雄狮敌不过群狼。所以华为提倡狼性文化，不是要学狼的凶狠，而是要学会配合作战。这种配合需要勇敢、牺牲，也需要智慧、毅力。

　　战术是千变万化的，即便读遍兵书，也穷尽不了所有战术，所以重要的不是战术本身，而是产生战术的原则和方法。华为在师承 IBM 后，能够继往开来，不断创造出新的管理方法，只因为华为是真的悟到了生"术"之"道"，把握了战术的要领。

第一节
战术涵义

　　"战术"一词现在通常被解释为进行战斗的原则和方法，主要包括战斗基本原则、战斗部署、协同动作、战斗指挥、战斗行动、战斗保障、后勤保障和技术保障等方面。这样的定义已经代表现代人对"术"这个字的多级延伸，但只有追溯它的原意，才可能帮助我们更好地理解。

　　术的繁体字为"術"，我们发现它与"街"这个字很像。在《说文解字》中，街为"四通道也"，指四通八达的道路，而"術"为"邑中道也"，指城中的小道。古时也对大路、小道做了类似今天公路等级的分类，"道""街""術"便是这种分类后的命名，"術"指最窄的道路，是我们通常所说的离人们生活最近的一段捷径。"道"和"术"后来也指方法，但仍有道、法、术、器的等级之分，因此"战术"成为"战略"的下一层执行方法。

　　既然战术是道之下的术，那么它就有以下几个特点：（1）战术应当对应特定的战略环节，应当就近构建，不能舍近求远。例如岳飞的岳家军练就了一套对付敌方铁甲骑兵的砍马腿战法，是十分奏效的，但必须分成三个兵种轮流上阵才能完成，如果对付技能全面的单兵，这三个兵种并不占优势。所以企业对于战术的管理不是没有边界的，不是说战术有效就一定对公司适用，也许对销售有利的一套战术并不一定能签下有利于交付的高质量合同，因此战术必须在战略控制管理之下。（2）战术规则变化多样，但应当兼顾相关方的利益，取得共识。每个人都可以建一条直通高速出口的道路，但并非最经济的，只有与邻里资源共享，才能走出利益均衡、专业高效的道路。（3）战术讲究与时俱进，随着市场的变化而变化，有些奇思妙想只能用一次，再用就不是秘密武器了。但是，如果在实践中能形成一定的规律，把某些战术环节固化下来，作为人人都应掌握的提高效率的方法，那么以"奇"制胜，把经验概括成"正"，让奇正相结合才是孙子兵法的思想。

华为在流程建设中讲究"主干清晰、末端灵活"，把它作为基层战术的指导思想。"主干"是指公司层面的流程，也就是业务的高速公路，这条高速公路不用搞得很复杂，只设立有限的出入口。这些出入口专指公司需要高度关注的战略控制点，符合条件的可以进出，上了高速公路后可以高速奔跑，公司给予全力支持。但是出了高速公路，还要解决掉最终的问题，有最后一公里的事情要做。这一公里可以没有流程，

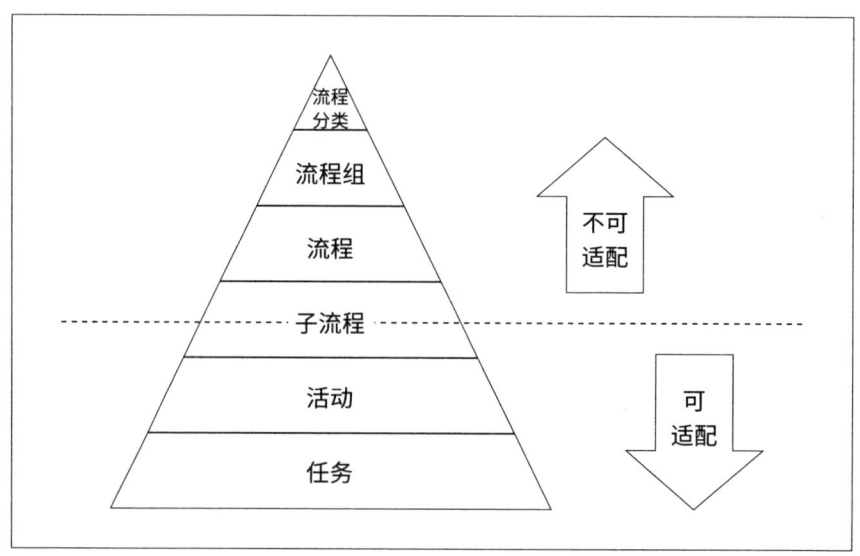

图 9-1　华为流程适配范围示意图

因为很多创新的工作本来就没有前例，需要相关方一起讨论解决方案。同时，为了更好地解决今后的同类问题，也要对最后一公里制定流程，称为流程适配。这种适配流程讲究灵活，不同的地区、不同的产品可以不一样，但不能绕开公司的管理红线。

华为定义的流程层级及可适配范围示意图是对流程管理定义的基本框架，主要在六个层面上进行管理。上面第一、二层是流程分类和流程组，相当于一个目录结构，并不是实际的流程。这个目录结构从企业业务角度进行全面覆盖，参考业界其他公司的实践，因此关注内容具有一定的前瞻性，并非只是现有业务的框架。这样做的好处是可以看清短板，驱动薄弱的业务。由于流程框架遵循业务，因而也服从战略的安排，从流程框架以及内部设计可以分清管理界面，厘清职责，保障任何业务都有负责人。

第三、四层是具体的流程。由于业务可能有一定的复杂性，往往存在嵌套和调用关系，因此分成了流程和子流程两级。需要注意的是，这里的流程是主干流程，其主要职责是围绕一项业务从计划、执行、控制和优化，包括关键的步骤要求，其细化程度是有所节制的，也与很多企业追求细致的流程是有所不同的。如果要细致规范怎么办？这就涉及第五、六层了。

第五、六层涵盖活动和任务，是对流程中的某个环节细化描述，形式有操作指导、模板和检查表等，相当于对流程的一个附属说明。华为对流程适配的权力主要在于此部分和子流程层面一定的本地化流程。由于可适配，这个层面的流程是由基层主导的，而不听命公司的统一要求。当然，适配的操作指导、模板和检查表必须符合公司颁布流程的要求。

由此看出，华为的基层组织是有战术制定和执行能力的。许多企业往往放权就失控，不放权就死气沉沉，原因就在于没有对战术划定清晰的边界，要么纵容杂乱无章的战术，要么逼得基层无法实施战术，这一切源于没有对战术问题进行主动管理。

第二节
灰度与熵减

使用战术，就免不了要讲究配合。单兵的战术只能称为技能，只有团队组合才能产生千万种行动方式，最佳的选择才能称为战术。因此，战术是一种参与方都愿意达成的协作，是一种中庸的状态，彼此保持中正平和，不偏不倚，达到因时制宜、因物制宜、因事制宜、因地制宜的境界。

中庸也是任正非的经营理念之一，他称为"灰度"，即世界上的事物并不都是非黑即白的，每个人都有自己看不到的一面，应当摒弃偏执和极端，彼此相互妥协。但是，任正非的灰度哲学并不主张各让一步，简单地取一个平均数，而是要让每一个人都努力争取能达到的最优界限。任正非在 2009 年《开放、妥协与灰度》的讲话中说道："坚持正确的方向，与妥协并不矛盾，相反妥协是对坚定不移方向的坚持。当然，方向是不可以妥协的，原则也是不可妥协的。但是，实现目标过程中的一切都可以妥协，只要它有利于目标的实现。"换句话说，妥协也要坚持各自的原则，不能放弃底线思维。

例如在企业的营销活动中，客户总是希望价格越低越好，但过低的销售价格也会使利润受损，不利于企业的发展，难以维持长期的优质服务。在商务定价时，销售部门往往倾向于低价，这便于商务合作的达成，可能会以客户为中心等理由向财务等定价部门施压。财务部门如果为追求中庸而放松利润测算，放弃了提高公司利润的财务原则，那么这个中庸的方案并不是一个好的方案。正确的做法是，包括财务在内的各相关部门在坚持各自基本职能的前提下，通过沟通和商讨相互理解，厘清缘由和依据，逐步妥协。也就是说，最终达成的不是一个"最容易"的妥协方案，而是"最难"的解决方案。这个最难、最痛苦的方案恰恰是最好的方案，轻易就能达成意向的方案是最没有价值的。

三国时期，魏将邓艾不轻易向巴蜀地区的崇山峻岭妥协，最终找到艰险的小路，出其不意地插入蜀军后方，成为曹魏取得胜利决定性的军事行动。二战时期，德军装甲部队没有向不利于坦克行进的崎岖山地妥协，神奇般地飞跃阿登山，使法国苦心经营多年的马其诺防线成为摆设。朝鲜战场上，中国人民志愿军没有因为武器装备落后而妥协，而是用钢铁意志展现比敌人更强大的力量，在多次战役中震慑强敌。战争中的每一场胜利表明，成功的战术不是平庸的想法，而是挑战极限的智慧。用军事思想管理企业，追求的不是简单的妥协，而是要挑战极限，取得胜利。

如何让一个企业的团队接受挑战极限的妥协？这就涉及任正非提倡的另一个管理哲学——熵减。物理学首先提出"熵"这个概念，一个封闭系统如果没有外来能量的补充，热量总是从高温物体流向低温物体，最终达到热平衡，称为"熵死"。这个定律后来延伸到生物学，称为"生命熵"，因为生物也是最终走向死亡的。那么，企业会不会死亡？这一点谁都不好说，也许华为也有这一天，而任正非的期望是让华为活得长一些，那就让熵增加得慢，搞"熵减"吧。任正非说："华为公司长期推行的管理结构就是一个耗散结构，我们有能量一定要把它耗散掉。通过耗散，使我们自己获得一个新生。"这就是任正非的"熵减"理论，目的是促使华为维持奋斗的动力。

为了熵减，任正非给华为提出了方方面面的压力：华为要有利润的增长，要有聚焦的增长，要有质量的增长，要有长远的增长，要有人力资本增值的增长……这种来自四面八方的压力就使华为不断在不同的环境下思考和探索，始终如一地拓展"最难"的战术，不断打造一支常备不懈的队伍。《孙子兵法》中说："投之亡地然后存，陷之死地然后生。"熵减就是华为保持战斗力的源泉。

灰度与熵减可以看作任正非两个重要的经营观，这与基层员工的战术有何关系？实际上，战术是最难把握的，不仅千变万化，而且因时而异、因地而异，没有放之四海皆准的标准。同样的经典战术，例如避实击虚是许多军队的制胜法宝，但又有很多擒贼先擒王的战例，就是要敢于碰最硬的钉子，一战而定乾坤，没有哪一种战术一定能够成功或者失败。在学习优秀经验的同时，用经营哲学提高基层员工的战术修养能使他们通达战术原理，灵活运用获得实效。例如在灰度哲学影响下，华为内部形成了"PK文化"，员工还积极参与"你死我活"的争论，但争论的结果是促进理解，共同寻找出最佳的解决方案。

战术管理在企业管理中是比较薄弱的环节，因为它不像战略管理那样有专门的部门负责落实，而各个业务部门的管理也的确涉及一些战术层面的需求，如精益生产、销售打法等，但这些是局部的，很多日常困难问题需要跨部门合力解决，要靠无形的机制迅速解决战术层面的问题。这种无形的机制也是企业文化的一部分，也是生龙活虎的军队与按部就班的寻常组织的差别。

第三节
撤退也是一种战术

在大部分人的眼中，战术都是靠进攻而战胜对手，或者至少能做好防守，即便是有限的撤退，也应当是为了更好地回戈一击。无论怎样的军事家，也不能算计到未来的每一步。与孙子齐名的军事家吴起率领魏国军队百战百胜，但他算不到魏国君臣的勾心斗角，惨遭谗害而被迫出走楚国实行变法。后来，尽管增强了楚国的国力，收服百越，援赵伐魏，却难免在楚悼王灵前被旧贵族杀害。韩信更是一个福祸相依的人物，一方面军事上神机妙算，百战百胜；另一方面在人情世故上则是一错再错，最终引来杀身大祸。诸葛亮在战术上能掐会算，但在大的战略问题上不顾蜀国实力，数次北伐，终究难以成事。南北朝军事家檀道济著有传世的《三十六计》，却不能算计到自己功高震主被冤杀的命运。

"撼山易，撼岳家军难"的岳飞，没有被敌人撼动，却陷于莫须有的罪名。所以世事难料，再怎么考虑周全的战术，也可能存在漏洞。

对于既定的战术，我们应当随时注意与之相关的环境变化，捕捉潜在的漏洞，及时调整。如今，航空母舰出行都是编队形式，许多警卫和支援舰艇护航。华为也有类似的打法，因曾经出现过产品上市即被淘汰的教训，现在华为的产品研发也有多部门护卫，研发团队在开发期间，研发体系或者市场体系均由对应的市场运作团队准备上市的宣传、营销等工作，同时注意市场变化，可及时采取措施对产品设计方案进行修补和调整，必要时及时终止以避免更大损失。

让待上市的项目中途停止是一个艰难的选择，很多人宁愿孤注一掷地走下去，只想争取一线生机。虽然的确有人最终走出绝路，但客观上有幸存者偏差效应，人们容易把个人生死荣辱与所要做的工作联系起来，但企业与人的生存是不同的。企业犹如一个家族，产品犹如家族中的一个成员；人的生命有限，一个产品的生命往往也是有限的，但产品生命的结束并不意味着企业的结束，企业存在的意义就是推陈出新，因此管理者和员工不需要与某个产品共存亡，而应当持续地哺育这个企业的下一代产品。

因此，有些产品既然处于夕阳阶段，就应该放手；没有战胜竞争对手的条件，就不要做无谓的牺牲；有些问题的确没有办法在规定的时间内完成，就不要盲目消耗精力。这与孙子的"途有所不由，军有所不击，城有所不攻，地有所不争，君命有所不受"是一个道理。如果关注华为的产品组成就能发现，即便在华为最擅长的通信设备领域，他们也不是什么都做，某些已经很普及、利润不高的产品，华为做得就很少。

产品逐渐退出市场也可以看作撤退阶段。对这个阶段，很多企业是不太重视的，他们觉得产品多多益善，把主要精力放在不断开发产品上，权且夕阳产品也能赚到一点，留着也没什么坏处。但产品运营阶段存在很多客户服务问题，需要专业支持人员并保持一定的产能，这些都是企业的成本。如果不顾客户服务的需求而突然中止这些支持，必将损害企业声誉。因此，产品退市也要有必要的程序。

战场上的撤退最忌讳溃退。苻坚的 80 万之众创造了中国历史上比分最悬殊的败绩。撤退也要有战术，交替掩护后撤，利用多级阵地逐层消耗进攻方的力量，同时适时组织反突击，打乱进攻方步伐，就能保证后撤的安全距离。产品生命周期结束阶段，华为会向客户分三次发布通告，分别是停止销售（EOM）、停止生产（EOP）、停止服务（EOS），中间间隔一定的时间（数月至几年不等），确保客户的切身利益。这种方式并非华为独有，是 IPD 的标准流程。

除了产品生命周期的最后收官，任何问题在华为也都是善始善终的。例如合同签订和履行后有专门的合同关闭流程，对每个项目都总结经验，迭代改进。每一个新流程发布都按照日落法则检查是否有相关的过期流程。所以，华为并没有真正的撤退，而是把每一次撤退作为新的开始。撤退也是一种战术，从某种意义上说，它意味着新生。

第十章

风云变幻，我自岿然

顺境中的好运，为人们所希冀；逆境中的好运，则为人们所惊讶。

——培根

CHAPTER 10

　　中国军事史上有一些非常精彩的战例，它们借助风、水、地形等自然之势作为竞争力量，用最少的投入获得胜利。潍水之战是楚汉时期一场重要的转折性战役，韩信先堰塞河水，诱敌入河，然后掘开潍水，大败敌军；关羽在樊城之战中掘开汉水大堤，以滔天的洪水上演水淹七军，威震四方；隋末唐初的洺水之战时，李世民派人截断洺水，引诱敌人渡河作战，然后决堤而下，消灭了刘黑闼的割据势力。火攻的战例更是数不胜数，从战国时期齐国田单的火牛阵到唐代薛仁贵的雀撒火种攻城，到明朝戚继光的猴子烧敌营……仅《三国演义》中出现的火攻就达510多处。《孙子兵法》十三篇中有关地理、火攻的就有单独的三篇，说明利用自然力量自古就是兵法的重要组成部分。

　　将火攻、水攻用于军事，是巧妙地利用这些危害御敌。反过来看，受攻击方如果能够意识到这些自然之势的危害，早作防范，也可避免失败。因此企业经营要注意来自四面八方的风险，趋利避害，顺势而为，做好危机管理。

第一节
华为危机五论

　　古代战争的火攻、水攻正是利用了灾害，人为创造杀伤敌人的机会。企业是社会的产物，离开社会不能生存，也可能受到有意或无意的社会伤害。因为原材料断供，企业可能休克；因为违法违规，企业可能遭受处罚而损失惨重；因为卫生事件引发社会舆论，企业可能倒闭……这些意外事件有时候并不大，却可能葬送企业的百年基业。

　　三鹿事件是一次典型的危机处置应对失败的案例，原本也是一个受害者，但由于害怕公众压力，企图掩盖事实，以"鸵鸟心态"逃避责任，最终失去公众谅解的机会。因此，企业应当时刻居安思危，高度关注危机管理，清楚地认识到危机问题具有令人措手不及的突发性、对财产和声誉的巨大破坏性、危机出现时机和爆发点的不确定性、问题纠正的紧迫性、短时间解决问题的有效性以及爆炸式传播的舆论关注性。危机管理既是非主业的大事，也是"死生之地，存亡之道，不可不察也"，应当以兵法待之。

　　华为已经在世界舞台发挥举足轻重的作用，但无论是过去还是现在，任正非始终身怀浓重的危机意识，他说："唯有惶者方能生存！"他还曾专门写过多篇文章，从思想的高度警示华为人要有危机意识，比如著名的《华为的冬天》《华为的红旗到底能打多久》《活下去是企业的硬道理》《千古兴亡多少事，一江春水向东流》等。在《华为的冬天》一文中，他强调："十年来我天天思考的都是失败，对成功视而不见，也没有什么荣誉感、自豪感，而是危机感。也许是这样才存活了十年。我们大家要一起来想，怎样才能活下去，也许才能存活得久一些。"即使在华为受到高度支持的舆论下，他仍提出"我们不要被捧杀"，展现出成功者背后那种宠辱不惊般的清醒和冷静，这是军人的素质，眼里只有下一场战斗。

在任正非的带领下，危机意识深入华为经营的各个方面，渗透在每一个员工的思想和行动中。危机文化也是华为企业文化的重要组成部分，是华为成功的基石。有人形象地把华为的危机管理归纳为五论：冬天论、凤凰论、天鹅论、阳伞论和备胎论。

第一，冬天论。2000 年，华为的总销售额和利润分别为 220 亿元和 29 亿元，高居全国电子百强企业第一位。然而任正非居安思危，对员工发表了《华为的冬天》的讲话，提出："现在是春天吧，但冬天已经不远了，我们在春天与夏天要念着冬天的问题。"他提醒并号召华为关注危机、研讨危机，加强管理革新以应对危机；并以冬天隐喻危机，提倡为行业冬天、企业冬天多做准备，"未雪绸缪"。果然，2001 年通信行业的寒冬翩然而至，为度过危机，华为卖掉后来诞生十多家 A 股上市公司的电源部门，为华为换得一件越冬棉袄。之后，任正非兼任华为的气象预报员，分别在 2004 年、2008 年、2010 年、2017 年预警冬天十分严酷，要求华为人要能随时接受冬天的考验。因此，尽管华为在发展中多次遭遇危机，但都成功过冬。在任正非大喊冬天的那些年里，华为大踏步地发展，在国内国际市场上表现优异，成果丰硕。冬天论成为中国式危机管理的代表性理论，就肇始于华为。

第二，凤凰论。2018 年 1 月 17 日，华为召开了一场开放式的自评大会，题为"烧不死的鸟是凤凰，在自我批判中成长"。有失误和亏损经历的管理干部接受公司问责，公开深刻反思，并宣誓重创辉煌。"烧不死的鸟是凤凰"有两层含义：自我批判和浴火重生。华为历练、管理干部的准则也是一种挫折文化。华为中高层管理者犯错后会被降级，但只要在新岗位上表现出色，就会被重新提拔；从自我批判和自我纠偏中发现问题，改正错误，形成一种常态化的危机意识和全员化的危机管理预案，使华为能够在发展方向上保持本色。

第三，天鹅论。任正非在讲话中提道："国际黑天鹅事件频发，全球市场会产生我们意想不到的波动，我们严格的内、外合规还没有完全建立，运营的有效性、财务的健康性还有待完善。"黑天鹅事件一般指会引起市场连锁负面反应甚至完全颠覆性的难以预测的事件。任正非拥有超强的危机意识，时刻警觉国际范围内的黑天鹅事件。

第四，阳伞论。任正非在与微软总裁和思科 CEO 聊天时谈道："我左手打着微软的伞，右手打着思科的伞，你们卖高价，我只要卖低一点，也能赚大把的钱。我为什么一定要把伞拿掉？让太阳晒在我脑袋上，脑袋上流着汗，把地上的小草都滋润起来，小草用低价格和我竞争，打得我头破血流？"华为尽管有自己的麒麟芯片，但大量芯片仍从美国进口，还继续使用谷歌的安卓系统。任正非把阳伞的保护机制与成本、价格和合作关系联系起来。不过华为要避免长期被晒，就必须撑起一把自己的伞。

第五，备胎论。2004 年 10 月，海思半导体有限公司成立，它的前身是创建于 1991 年的华为集成电路设计中心。任正非对当时的华为工程师何庭波说："我每年给你 4 亿美金的研发费用，给你 2 万人。一定要站立起来，适当减少对美国的依赖。"近年来，海思的"四大芯片天王"："麒麟（手机处理器）""巴龙（基带芯片）""昇腾（云端芯片）"和"鲲鹏（服务器芯片）"早已在安防、人工智能等多个领域稳稳占据市场。2019年5月，何庭波致信员工：多年备胎一夜转"正"，今后要科技自立。华为的"备胎"计划十五年如一日，培育人才，创新技术，才终得以在危机爆发时力挽狂澜，助华为立于不败之地。

其实，以上五论并没有概括出华为危机管理的全部内容，华为还非常重视对国际和国家的法规的学习和遵从；认真而谨慎地对待公众关注，很好地化解了几次舆情风波；主动积极地推动落实ISO（国际标准化组织）等国际标准，保障产品质量和员工身心健康；特别注重信息安全建设，严格保护知识产权，保障公司和集体利益……这些全方位的措施构成了华为强悍的防卫体系。

第二节
应对危机

正确识别危机的种类，才能做出不同的应对策略。首先是消除误会型危机。对于这种危机的管理，需要及时澄清事实，借助权威媒介指出谣言的来源、用意及对公众的危害。只有真正弄清误会的原因，对症下药，才能迅速有效地化解危机。西方国家对来自不同文化背景下的中国企业存在误解，折射出西方市场对华为产品安全隐忧的担心。2012年，华为西欧地区部的高管蒂姆·沃特金斯代表华为向西方媒体表示，华为愿意提供了解软件代码的途径，用于消除人们对其产品安全的担忧。蒂姆的表达非常直接："因为人们想要了解我们软件的逻辑和实际情况，我们准备向政府当局开放他们想要了解的软件代码部分。"开放软件代码对于任何一家公司而言都需要相当大的勇气，因为容易泄露自己的核心竞争力，不过也是获得信任最坦诚的一种方式。西方国家担心任正非的军队背景，那就连底层的核心都亮出来，告诉世界华为从事的是纯粹的商业经营。2010 年，华为应英国政府的要求建立了一个信息安全评估中心，由华为雇佣英国政府信任的安全人员检查其产品，获得英国政府的安全信任后，再将类似的经验推行到世界各地。

其次，平衡事故型危机。这类管理要及时，补偿公众损失并表示道歉。对内寻找事故原因，避免事态过头；对外公开承认错误，承诺负责，调动媒体跟踪处理全过程。2017 年，华为 P10 手机上市后，一些消费者用测试软件发现该手机闪存速度出现了明显差异。部分手机的闪存速度只达到 200+MB/ 秒，而一些媒体报道的评测参数和 P10 用户测试速度可以达到 800MB/ 秒。于是不少消费者开始投诉华为，发生了"闪存门"的事件。不同的闪存速度背后的原因非常复杂，涉及相关芯片等元器件供需变化的问题，不同厂家的器件，甚至同一厂家不同批次的器件都可能成为闪存速度变化的因素，但带给消费者不良的体验是客观存在的。所以华为对外无条件更换手机，对内积极整改。消费者业务 CEO 余承东还公开发布微博称，自己"深刻自省，迅速改进"，贴上了一封他发给华为消费者业务全员内部邮件，邮件中说："这些天我的心不平静，可以说很沉重，我必须要进行深刻的自我批判。""这次事件对我们来说是一次深刻警醒。让我们反思这几年我们是否跑得太快了？

在一路狂奔向前的路上，是否坚持了我们出发时的初心？是否以身作则，认真践行了公司的核心价值观——以客户为中心？"余承东的坦诚代表了这家企业的风气，促使消费者继续爱戴和拥护品牌。

再次，回应受害型危机。其解决之道是依法办事，寻求公正评判。2019年，华为前员工李洪元在拿到离职补偿九个月后被广东省深圳市公安机关刑拘，251天后重获人身自由。此事经媒体曝光，称华为"以大欺小"在网络上发酵，成为舆论事件。后经披露的事实得知，李洪元因掌握其主管一些把柄，在离职时与主管达成不符合公司要求的补偿要求，由公司发现一并送交公安机关。在拘押调查期间，由于李洪元掌握有利证据，最后被判定无罪而免予起诉。此事在华为众多离职人员中没有引起多少反响，因为华为在离职赔偿补偿问题上一向公正，很多不了解华为的人也许把此事与自己的职业生涯联系起来，掀起了一股声讨热潮。对于这样的舆情危机，华为不卑不亢，给予冷静的回应：华为有权利也有义务，并基于事实对于涉嫌违法的行为向司法机关举报。"我们尊重司法机关，包括公安、检察院和法院的决定。如果李洪元认为他的权益受到了损害，我们支持他运用法律武器维护自己的权益，包括起诉华为。这也体现了法律面前人人平等的法治精神。"这一回应并没有让那些持异议的网民满意，似乎认为华为必须道歉才行。不过，李洪元本人在华为心声社区发了一个帖子，名为《给任总的一封公开信》。信里写道："今天网络上的舆情汹汹并不是我本意，我的确会向公司讨要说法，但绝不期望是以这种方式。"或许，李洪元还有什么特别的期望，但"人间自有公理，公道自在人心"，一家企业真正做好自己，自然就是无敌的。

危机管理并非什么特殊管理，只不过容易被长期关注业务的管理者和员工所忽视。对于突发的外部事件，企业应当做好的工作无非在事前、事中和事后全方位地进行管理：事前做好预防，树立危机意识，落实危机管理部门，制订危机管理计划，努力建立预警系统；事中要担负起责任，积极沟通，协调各方共同解决问题；事后要不断总结评估，转"危"为"机"，让未来更上一个台阶。

第三节
蓝军对抗

对于"危机"，人们通常理解为危险的时刻，但这里的"机"包含更主要的意思，起枢纽的作用，例如我们常说的"机关"。也就是说，这里的"机"不仅仅代表一段时期，而且还会成为转机。因此，人们不应当仅仅认识到危机，还要转化危机，实现为我所用。

流水有冲击力，可以堵截流水，在我需要的时候将冲击力为我所用，进行水攻；火有杀伤力，掌握风向就能让火为我所用。危机不可怕，只要能知道危机在哪里，掌握、控制、利用危机，就能事半功倍，取得胜利。

如何识别和掌握危机？这就需要经常审视自查，做到防患于未然。蓝军是军队在模拟对抗演习中的假想敌。他们可以模仿世界上任何一支军队的作战特征与红军（代表我方正面部队）进行针对性的对抗。中国军事专家、退役少将徐光裕说，中国人民解放军未来要想成为高效的作战部队，必须经过两个学习过程：一是采取尽可能接近实战状况的新式训练方式，二是"从战争中学习战争"。2011 年，中国人民解放军在朱日和基地创建专业化蓝军，全部按外军编制编列，用外军武器，开外军车辆，训练也严格根据外军的条令、大纲进行，就连吃饭都用西餐餐具，培养外军思维与作战能力。2014—2016 年，蓝军先后和 27 个师旅进行了 33 场实弹对抗演习，战绩 32 胜 1 负。蓝军的旅长满广志凭着辉煌的战绩，获得中央军委的赞扬，称赞他是通晓信息化和联合作战的"领军人才"，也激起了许多红军部队的斗志，打出"踏平朱日和、活捉满广志"的口号。

擅长军事思想管理方法的任正非，自然也不会忽视这种手法，也在华为公司内部设置了一支"蓝军"，站在"敌人"的立场上进行业务模拟演练，给各个业务部门设置阻碍，帮助他们发现漏洞，从而完善工作计划。他说："我们在华为内部要创造一种保护机制，一定要让蓝军有地位。蓝军可能胡说八道，但有一些疯子就是敢想敢说敢干。博弈之后要给他们一些宽容，你怎么知道他们不能走出一条路来呢？世界上有两个防线是失败的；一个就是法国的马其诺防线，法国建立了马其诺防线来防德国，但德国不直接进攻法国，而是从比利时绕到马其诺防线后面，这条防线就失效了。还有日本防止苏联进兵中国东北的时候，在东北建立了 17 个要塞，他们赌苏联是以坦克为基础装备，不会翻大兴安岭过来，但百万苏联红军就是翻大兴安岭过来的，日本的防线就失效了。所以我认为防不胜防，一定要以攻为主。攻就要重视蓝军的作用，蓝军会想尽办法来否定红军，就算否不掉，他也是动了脑筋的。"

华为的"蓝军参谋部"成立于 2006 年，主要职责包括从不同的视角观察公司的战略与技术发展，审视、论证"红军"战略／产品／解决方案的漏洞或问题；模拟对手的策略，突击"红军"的漏洞，建立"红蓝军"的对抗体制和运作平台。在公司高层团队的组织下，采用辩论、模拟实践、战术推演等方式，对战略方案进行反向分析和批判性辩论，在技术层面解决差异化的颠覆性技术思路，并形成新预案。简单说，"红军"代表现行的战略发展模式，"蓝军"代表主要竞争对手或创新型的战略发展模式。"蓝军"的主要任务是唱反调，虚拟各种对抗性行为，甚至提出一些危言耸听的思考，为公司董事会提供决策建议，保证华为的健康发展。

"蓝军"著名的战功之一就是阻止华为出售终端业务。2007 年，苹果推出了划时代的 iPhone，虽然包括诺基亚在内的手机厂商都没有当回事，但是蓝军却敏锐地意识到消费形式正在发生变化，终端将会起到越来越重要的作用。为此，他们做了大量的调研工作。2008 年，在华为开始跟贝恩等私募基金谈判，准备卖掉旗下终端公司时，蓝军拿出相关报告，结论只有一条：未来的电信行业将是"端—管—云"三位一体，终端决定市场需求，放弃终端就是放弃华为未来。蓝军的报告最终避免了华为"脱手"终端业务，否则华为手机也就不能诞生。

除了战略性问题外，华为蓝军也在很多细节上积极挑刺。例如随着华为成为全球智能手机市场的头部企业，华为蓝军拿着放大镜查找华为手机存在的瑕疵。2015 年，华为某款手机因为在高温环境测试时出现胶水外溢，尽管其概率仅为千分之几，但蓝军仍然否决这批手机的上市决定，使前期 9000 多万元的研发费用打了水漂。很显然，问题产品流入市场会带来什么样的危机，会造成多少损失，蓝军部门是算得清的。

此外，蓝军部门也是人才培养基地。任正非说："要想升官，先到蓝军去，不把红军打败就不要升司令。红军的司令如果没有蓝军经历，也不要再提拔了。你都不知道如何打败华为，说明你已经到天花板了。"他号召华为人学习满广志，就是要培养逆向和全面的思维，不仅能管理自己的部队，还要看到外面的风云，个个争做会引东风的诸葛亮。

第十一章

严防死守信息安全

乱之所生也，则言语以为阶。君不密则失臣，臣不密则失身，几事不密则害成。是以君子慎密而不出也。

——孔子

CHAPTER 11

军队争夺的战场不仅仅是正面的，还有敌后的，敌后战场甚至更惊心动魄，直接决定战争的成败。因而谍战是任何一个军事家都不会忽视的重要组成部分。《孙子兵法》最后一篇《用间》的重要性并不亚于此书开篇之言。孙子曰："凡兴师十万，出征千里，百姓之费，公家之奉，日费千金，内外骚动，怠于道路，不得操事者，七十万家。相守数年，以争一日之胜，而爱爵禄百金，不知敌之情者，不仁之至也，非民之将也，非主之佐也，非胜之主也。"意思说，为了一场战争，国家劳师动众，如果吝惜爵禄和金钱，不重视获取对方信息以致延误战机导致失败，那就是不仁到极点了。所以从军事角度讲，如果讲究"仁义"而不用间谍，对国家和民族可能是毁灭性的打击。如果一个国家和民族灭亡了，讲什么仁义都没用，历史的教训已经太多太多了。

华为也有"不仁义"之举，这倒不是指派出商业间谍，而是对内部员工严厉管束，防止滋生间谍。无论在华为工作多少年，最终都必须"净身出户"，任何参与过的工作资料都不能带走，为公司创造的价值只能是公司财产。由于公司长期坚持信息安全教育，员工们也理解信息泄露会给公司带来什么样的后果。相反，华为是一个慷慨回报员工的企业，每一个离开华为的人几乎都会得到公平、超预期的补偿，所以也没有什么埋怨。

华为视信息安全为高压线，是守住十几万员工集体利益的防火墙。人们对华为之所以不了解，觉得很神秘，就源于这堵安全墙。

第一节
高筑墙才能广积粮

　　谍战剧是各种电视剧中比较引人关注的一个门类，也包括一些商业谍战剧。现实世界里这样的谍战并非不存在。2001 年初，宝洁公司与联合利华公司就爆发了情报纠纷事件。面对主要竞争对手联合利华的强烈质疑，保洁公司公开承认通过一些不太光明正大的途径获取了联合利华的产品资料，80 多份重要的机密文件居然有相当高比例是保洁的情报人员从联合利华扔出的"垃圾"里找到的。由于联合利华方面也有过失，没有用碎纸机处理掉机密文件，才给对方可乘之机，所以无法起诉保洁。

　　相比宝洁这种外围的追击，可口可乐遭遇"潜伏"型打击。美国联邦调查局（FBI）于 2006 年逮捕了 3 名涉嫌从可口可乐公司偷盗饮料配方，并尝试卖给可口可乐公司宿敌百事可乐的嫌犯。令人震惊的是，其中一名嫌疑人竟是亚特兰大分公司的高级行政助理诺亚·威廉斯。据检察官透露，嫌犯迪姆松准备卖给百事可乐的机密信息是由威廉斯提供的，可口可乐公司的监视录像拍下了威廉斯盗取公司机密的影像。

　　随着技术的发展，新的商业间谍形式也不断涌现。2018 年 8 月，澳大利亚一名 16 岁高中生曾通过家中电脑成功入侵苹果服务器。在随后的一年时间里，他又数次入侵，下载了约 90GB 的重要文件，并访问过用户账号。2019 年 7 月，DomainFactory 公司在公告中指出，一名匿名黑客在公司的技术支持论坛上发帖称，他已经成功侵入了客户数据库，并分享了几名客户的内部数据作为证据。发现这篇帖子后，该公司立即对论坛进行离线处理并展开了调查。调查结果显示，黑客的说法完全属实。据芬兰媒体 Svenska Yle 的报道，芬兰通信管理局（FICORA）于 2018 年 4 月 6 日通过自己的网站向所有芬兰公民发出警告称，一个由赫尔辛基新企业中心（Helsingin Uusyrityskeskus）负责维护的网站（liiketoimintasuunnitelma.com）在 4 月 3 日遭遇了匿名黑客的攻击，大约有 13 万个账户用户名和密码被窃取，同时被窃取的还包括其他一些机密信息。从受害者数量看，这是该国有史以来发生的第三大数据泄露事件。

间谍工作的一切目的是获取"情报"，而英语 information 这个单词也可以翻译为"信息"。尽管"情报"与"信息"在汉语的意思上有所不同，"信息"更为宽泛一点，抓住"信息安全"这个龙头，情报问题也就容易解决。若只将目光放在"情报"上，就会忽略一些如把资料扔进垃圾桶里的基础性风险。所以，华为重视从源头抓信息安全。

华为对信息安全不是一般的重视，可以说是最高级别的态度。华为可以在任何方面以人为本，为员工全方位谋福利：与员工分享企业的全部利润，没有外部资本参与分红，连任正非自己也只占 1.4% 的股份；可以在不到法定年龄退休，领取股票分红；不要求指令性加班，员工的贡献与收益挂钩；向一线倾斜，不让"雷锋"吃亏；做好食堂、班车、差旅、办公等一切后勤服务，让员工无后顾之忧。但是，唯独一件事华为是不近人情的，只针对违反信息安全要求的人员。2002 年，华为公司起诉三名前员工涉嫌盗窃商业机密、侵害知识产权。2017 年，华为内部通报六名前华为终端中高层人员及明星设计师被抓，涉嫌泄露内部资料。华为内部还有很多信息安全事件，每年进行专门的职业教育。所有这些案例表明，华为对信息安全违规处罚严厉，轻则开除，重则提起刑事诉讼，严惩不贷。

首先，华为极大地维护了企业的知识产权。对华为这类以研发为主体的企业，最主要的资产是无形的知识资产，也是很容易随着人员流动而流失的资产。仅仅依靠外部力量（法律、社会）彻底解决知识产权问题是不现实的，唯有在企业内部建立一道知识产权保护的屏障，固化已有的研究成果。人员流动是免不了的，只要团队工作的成果不外传，就能最大限度地保护知识产权的流失。

其次，信息安全保障了企业的竞争力。很多企业都遭遇过这个问题：一起创业的合伙人分道扬镳后，各自成立公司，成为同质化竞争的死对头，这种结果对谁都不好，没有一家能够做大。抓好信息安全管理，把企业知识资产的流失降到最低，自然就能保持自身的先发优势，维持企业的可持续发展。

再次，合理保护集体的正当利益。企业的知识资本是集体劳动的成果，应当与这个集体始终相联系。集体中的每个人在相互协作、相互帮助下，共同成就了，如果有人从这个集体离开，自然就携带着一部分集体的智慧，如果这种能量独立后反噬原来的集体，那是不公平的。虽然可以通过法律等途径降低所造成的伤害，但毕竟是事后，很多损失无法弥补。因此提前做好信息安全管理，从预防入手，才能最大限度地保护集体利益。

此外，信息安全也是对个人职业生涯的一种保护。如果分不清楚用人单位看中的是人的能力还是他身上暂时的价值，就可能被人利用，贻害终生。一个人的定位应当与能力相匹配，华为这种信息安全管理制度客观上也是为了引导每个员工走上一条踏踏实实奋斗的道路。

信息安全为企业竖起保护屏障。古人云："高筑墙，广积粮，缓称王。"只有建立了自己的护城河、防护墙，才能保障自己的粮食不被抢走，才能在群雄逐鹿后笑到最后。

第二节
内防举措

华为的信息管理并非只是针对计算机系统上的数据信息，还涉及人员、办公、硬件、网络、核心业务等全方位的管理。这是华为多年探索的成果，堪称企业信息安全管理的典范。

第一，将人员管理列入核心内容。每一位新员工入职并非马上上岗，而是要经过至少为期两周的包括信息安全教育在内的相关入职培训。在信息安全方面，除了介绍华为的规章制度，还会展示一些过往的信息安全处罚事例，如私自转借工卡、不当使用软件造成网络瘫痪、违规使用 USB 端口传输文件、私拆硬盘、翻拍资料、私自录音、私印资料、盗用账号等。每年仍会不定期提醒每一位员工维持信息安全意识，遵守各方面的纪律。

华为将信息安全违规划分为四个等级：一级为有意盗窃、泄露公司保密信息，有意违反信息安全管理规定，性质严重造成重大损失；二级为有意违反信息安全管理规定，性质严重或造成损失；三级为无意违反信息安全管理规定，造成公司损失；有意违反信息安全管理规定，但性质不严重且没有造成严重损失；四级是违反信息安全管理规定，性质较轻，没有造成公司损失。四级违规行为将受到不同程度的处罚，对于触犯国家法律的，公司会移交国家司法机关，依法处理。

第二，华为公司对工作文档的保密要求，制定了三项基本原则：（1）最小授权原则，即授予的权限刚好满足员工的工作需要；（2）审批受控原则，即严格控制信息的传递过程和扩散范围，保证做到"先审批，再获取；先登记，再传递"。（3）工作相关原则，即每一位员工只能查阅与本人工作相关的文档，严禁员工私自收集、保存与自己工作无关的文件。

华为公司将文档分为公开和保密两类，根据价值、内容、敏感程度、影响及发放范围不同，保密信息划分为绝密、机密、秘密、内部公开四个级别，分别定义不同层级的"信息所有人"，并提出相应的加密、保存、销毁、交接等要求。

第三，在计算机及安全方面，华为公司有严格的管理，不允许在统一的域管理下安装外部来源的软件，必须使用内部正版软件。所有的端口（USB 口等）全部封闭，禁止拷贝，禁止私自拆卸，发现违规操作痕迹就作为信息安全事件进行处罚。员工可以携带笔记本电脑回家或到宾馆办公，但必须接入公司的 VPN 网络，保障工作是在数据加密的情况下开展。做好计算机及网络的信息安全工作就是竖起了一道不可翻越的围墙，是信息安全管理最核心的内容。

第四，在日常办公方面，华为明确具体的会议安全事项。如会议前需要确保选取的会议室和会议内容的安全级别相匹配；会议后要带走相关的会议资料，同时清理会议室场所，保证会议信息不泄露和会议室整洁。如果是特别保密或敏感的会议必须在公司内的会议室召开，特殊情况要申请审批。此外，对电话会议也制定了相应密级的各项具体要求。

第五，涉及接待、对外合作交流时，华为公司规定了与外部人员合作的接口部门应履行的信息安全管理职责。对于来访人员，接口人需要全程陪同，接待部门保存必要的物品；外出人员需要履行必要的审批手续，提供资料要按密级审批，必要时要与对方签订保密协议。

第六，核心资产的保密措施。研发是华为的业务核心，也是信息安全管理的重中之重。凡从事研发岗位的工作，都有一道红色区域的"内墙"保护，即研发区域的信息安全要求更加严格，原则上不允许携带便携设备进出，甚至在电子邮件方面也做了一些隔离。如果研发区与非研发区需要信息传递，也需要在审批和监管的情况下进行。

以上信息安全管理涉及面广，需要由特定的组织加以协调。华为公司成立了信息安全监管委员会，统一协调和管理信息安全事务，并直接对最高层负责。公司信息安全监管委员会的工作职责是：①审查和核准信息安全总体策略，对重大问题达成共识；②审核批准重大的信息安全建设方案；③在整个组织中加大信息安全工作的领导力度；④对紧急重大安全事故进行响应决策；⑤提出信息安全总体要求和批准信息安全战略规划。

在基层各部门，一把手也是信息安全的第一负责人，落实信息安全的各项要求，并为可能出现的信息安全事件承担责任。各级组织都设置信息安全管理办公室，负责信息安全的责任落实、宣传教育、日常监管和执行处罚，具体工作职责有：①负责组织制定公司的信息安全策略、标准和流程；②负责在业务部门推行信息安全策略、标准和流程；③负责在公司范围内进行信息安全监控与审计；④负责对公司的信息安全状况进行定期评估和风险分析；⑤负责对跨业务部门重大安全事故的调查；⑥负责组织公司范围内的信息安全培训和宣传。

此外，技术部门也对信息安全给予必要的专项投入，极大地提高了信息安全管理的效率和力度，使想违规的人违规不了，侥幸违规的人逃脱不了，搭建保护信息安全的严密网络。据华为内部通报的案例显示，华为可以侦测到翻拍电脑屏幕的违规行为，这些案例在公司内部被及时通报，当事人受到严肃处分，也警示所有人切勿违规。

第三节
外防之盾

对内采取的所有信息安全管理措施都不能绝对保障信息的绝对安全，跨国黑客攻击及各种商业间谍行为时有发生，这不能不令企业时刻做好最坏的打算。据福布斯公布的消息，华为的一位高管约翰·萨福克（John Suffolk）表示，华为每天都会遭受约100万次网络攻击，这在当下是不足为奇的。在当今这样一个信息技术日新月异的时代，华为也当然要对潜在的外部信息安全威胁做出全面的技术防范，利用信息与通信领域的技术优势，构建牢固的技术盾牌。

首先，对员工办公设备进行统一的管理。对于办公所用的电脑、便携机等设备进行统一采购。采购部门会统一采购几种内部认证的品牌和机型，供员工根据不同的需要选择使用。操作系统的安装必须由内部服务人员负责，安装正版操作系统，并进行统一的设置，例如默认关闭USB端口，禁止拷贝传输数据（经审批可以放开）。每个用户权限范围设置在Windows的域管理之下，所有的操作都会被系统记录下来，可以回溯。用户密码也有一定的要求，如必须是强口令，定期强制更新等。硬盘是禁止拆卸的，严禁体外拷贝。便携电脑三年折旧后可以核销资产，电脑归员工个人所有，但必须彻底清除硬盘数据。这样，华为首先用物理手段把控住信息安全技术保障的第一关。

其次，从规范员工的办公软件入手。华为的所有办公软件（如Office等）都不允许从外部获得，必须通过内部网络下载。如果软件清单中没有，按程序申请采购。虽然所有的软件都是正版，也仍然要经过内部测试才可以安装。例如微软Windows和Office的定期补丁，华为并不都认可，只有测试后认定与工作相关的补丁才允许安装升级。很多软件是自己开发的，例如即时通信软件，既不用QQ，也不用微信，而是自己开发的eSpace。eSpace同时集成了手机语音通信、短信、邮箱、电话、视频会议、搜索等强大的办公功能，不亚于一般商用软件。目前，华为对外开放的云端视频会议系统WeLink也是源自华为内部的数字化办公实践，跨平台融合即时通信、企业邮箱、视频会议、音视频通话、直播、云笔记、云空间、企业OA、考勤打卡、待办审批等服务，是新一代智能工作平台、远程办公平台、移动办公平台、协同办公软件。这种自主开发软件的起因也与华为重视信息安全相关。

在业务软件方面，信息安全是一项重要的考量标准。华为为自己的营销业务管理选择软件平台时，Salesforce 也曾进入角逐。当时，Salesforce 是 CRM 的新秀，软件功能很强大，可根据客户需要定制，操作界面非常友好，非常适合不太擅长操作电脑的销售人员。但 Salesforce 的一个特殊之处在于它只提供 SaaS 服务模式，即用户数据存放在位于美国的 Salesforce 服务器里。尽管 Salesforce 从未出现过数据泄密事件，但仅此一条便让华为决定 Salesforce 第一个出局。在华为看来，数据是企业的生命，把数据存放在不受控制的任何地方都是不可接受的。

华为在网络和通信方面建立了完善的内部局域网，员工可以在任何办公地点接入公司 VPN 内网灵活工作。随着移动办公的需要，这种网络办公也扩大到公司外部，如家中、旅馆等，很多应用可以在手机上完成。若不接入公司的 VPN 虚拟内网，不能进行任何信息传递。借助 U 盘传递文件时，也只能拷贝成加密信息，并只能在华为的系统中打开。此外，每台电脑设备也安装了特定防病毒软件，检查每一个外来文件。

由此可以看出，华为对筑造企业信息安全之盾的确投入了不少，现在看都是值得的。如果华为当初不是用这种标准严格对待信息安全问题，而是只顾着快速挣钱，那么现在可能会因为安全问题而遭到严重的打击。现在很多企业还没有达到华为的规模，可能还不能在信息安全上做这样的投入，但通过华为这个实例至少也应该明白企业一边发展、一边进行信息安全建设的重要性，否则千里之堤可能毁于一旦。

华为的信息安全建设尽管已经非常优秀，警报也并未完全解除，因为很多关键技术还没有掌握在中国企业手中，例如计算机操作系统、大型 ERP 等核心软件、数据库等都还依赖国外技术，所以，信息安全建设不能完全靠华为独自解决，也应当从全社会相互支持、共同努力入手，在共同发展中开创未来。

结束语

就在本书完稿的前几日，又传来关于华为的新消息：华为开始涉足汽车制造了。尽管华为车并没有涉及整车的组装，只是定位于智能汽车增量部件提供商，但提供的解决方案包括电力驱动系统到中控屏操作系统，从座舱音响系统到华为提供的体验店，似乎华为与造车之间，也就只差个整车工厂了。关键是华为给中国汽车市场带来了振奋之气：中国车商一直技不如人，转战电动车后又遇上特斯拉，不知什么时候能抬起头来。这次华为一出场就有技压特斯拉的气势，因为在视觉算法上，华为采用了先进的激光雷达方案，配合摄像头、毫米波雷达无惧能见度生成点云图，具有抗干扰能力强的优势；而特斯拉主要借助摄像头，配合毫米波雷达等低成本元件，对周边物体建模进行纯视觉计算，虽然成本较低，但也牺牲了安全性。毫无疑问，这次特斯拉遇到了足以挑战它的对手。

这是华为军团的再一次突破，又是市场上的一个惊艳之举。诚然，中国的优秀企业远不止华为一家，但华为毫无疑问是最具有传奇色彩的。任正非曾经想卖掉华为专门做拖拉机，合约都谈好了就等收购方摩托罗拉签字，却因为对方的人事变动而取消，无意间改变了华为乃至世界科技产业的走向；任正非也曾经为保主业想卖掉手机业务，但最终被自己亲手打造的蓝军否决，几年后以手机为代表的消费者业务突飞猛进，占据华为收入的大半壁江山。如今，华为转战到如火如荼的汽车市场。没有人能看懂华为的产业规划全景，没有人知道华为会走向何方，华为人践行任正非那句"除了胜利，我们已无路可走"，一直默默地负重耕耘！

中国曾经因为乒乓军团的所向披靡而无比自豪，也因为女排巾帼们的奋勇搏杀而深深理解"拼搏"的含义。中国人的期望没有停止，一代又一代人始终如一地期望着中国足球、中国篮球也有走向世界、勇攀巅峰的一天。中国有一个华为远远不够，愿它能成为一颗种子，在中国大地上开花结果！

参考文献

[1]《中国大百科全书·军事》编委会 . 中国大百科全书·军事 [M]. 北京：中国大百科全书出版社，2007.

[2] 黄朴民 . 孙子兵法选评 [M]. 上海：上海古籍出版社，2017.

[3] 习风 . 华为经济学 [M]. 北京：中信出版社，2020.

[4] 戴晨 . 打造流程型组织 [M]. 北京：知识产权出版社，2018.

[5] 倪志刚，孙建恒，张昳 . 华为战略方法 [M]. 北京：新华出版社，2017.

[6] 文丽颜，张继辰 . 华为的人力资源管理（第 3 版）[M]. 深圳：海天出版社，2012.

[7] 刘选鹏 . IPD：华为研发之道 [M]. 深圳：海天出版社，2018.

[8] 习风 . 华为双向指挥系统：组织再造与流程化运作 [M]. 北京：清华大学出版社，2020.

[9] 孙科柳，丁伟华 . 华为大学：用优秀的人培养更优秀的人 [M]. 北京：电子工业出版社，2019.

[10] 孙科柳，易生俊，孙智 . 华为干部管理方法论 [M]. 北京：中国人民大学出版社，2016.